文景

Horizon

中国话语丛书 | 张维为 主编

中国特色社会主义

张维为◎编

上海人民出版社

建构中国话语

——"中国话语丛书"总序

张维为

中国以今天这样的规模崛起，人民生活水平以这样的速度提高，在整个人类历史上都是前所未闻的。一个国家的崛起一定要伴随自己话语的崛起，否则可能会功亏一篑、前功尽弃。回望中国崛起的过程，如果当初我们没有自己的坚持，而是按照西方话语去做的话，后果将不堪设想，整个国家大概都会像苏联那样解体了，哪里还会有中国今日之崛起。

中国的崛起早已超出了西方理论和话语的诠释能力。过去 30 多年，西方对中国政治的预测几乎都是错的，就是一个很好的例子。他们的误判除了有意识形态的偏见之外，还有西方哲学社会科学本身存在的许多深层次缺陷。金融危机、债务危机、难民危机、颜色革命褪色、"阿拉伯之春"变成"阿拉伯之冬"，以及西方世界层出不穷的"黑天鹅"事件等，其实都反映了西方模式和西方话语今天所面临的困境和危机。

然而，由于种种原因，西方话语这些年对中国哲学社会科学的影响却相当之深，特别在政治学、经济学、新闻学和法学等领域，造成了许多人只会在西方话语的语境下论述中国与世界，这就无法真正读懂中国和世界，也不可能讲好中国故事，更不要说与西方话语交锋了。

中国已经崛起到今天这个地步，我们完全可以以中国人的眼光和话语来观察、评述自己的国家与外部世界。我们要建构全面的、透彻的、强势的话语体系。所谓"全面的"就是指我们的话语要能够解释中国的成绩、问题和未来；所谓"透彻的"就是要把中国和世界上的事情及其背后的逻辑和规律研究透并讲清楚；所谓"强势的"就是要强有力地回应西方话语的挑战。我们需要进行话语内容和形式的创新，建构包括学术话语、民间话语和国际话语在内的大话语体系；建构接地气的、有丰富学术含量的、能与外部世界沟通和对话的原创性的话语体系。

复旦大学中国研究院从成立的第一天起，就把"解构西方话语、建构中国话语"作为自己的学术使命，我们力求通过原创性的理论创新和话语建构，从根本上动摇西方话语对中国的主流叙述。我们推出这套"中国话语丛书"，就是为了不断地向外界推介中国话语原创性的研究成果。丛书以本院研究人员的研究成果为主，同时也接受其他优秀的研究成果，内容将涉及哲学社会科学的诸多领域，目的是通过颠覆性的原创研究，尽早构建属于中国学术界的话语体系。

中国是世界上唯一的文明型国家，她是延续五千年而没有中断的伟大文明与一个超大型的现代国家的重叠。在数千年的历史长河中，中国在大部分时间内都领先西方，中国落后于西方是近代发生的事情。今天中国崛起只是重返自己在世界上曾经享有过的崇高地位。中国是带着孔子、孟子、老子、庄子、荀子、墨子、孙子等伟大先哲重新回到世界中心的，是带着五千年伟大文明并汲取了包括西方文明在内的其他文明之长而重新回到世界中心的。这样的国家当然要产生与其伟大传统和实践相适应的话语体系，我也相信越来越多的优秀学人会加入中国话语崛起这一不可阻挡的历史大势。

仅为序。

2017 年 1 月 1 日

于淀山湖畔

目　录

前　言

（张维为）

　　2017年4月，复旦大学中国研究院组团去美国耶鲁大学参加中美论坛，我做了一个演讲，谈中国模式与中美关系。当时一位美方学者问了我一个问题：中国什么时候才会放弃国家资本主义模式？我说：错，我们不是国家资本主义模式，而是中国社会主义模式。我给他讲了一个故事。2008年美国次贷危机爆发，当时美国财政部长保尔森（Herry Merritt Paulson）专程访华，请求中国帮助美国摆脱危机，坦率地说，就是请求中国社会主义模式来拯救美国资本主义模式。当时是一个什么情况？美国陷入次贷危机后，股市崩溃，大公司纷纷破产，美国政府手头没钱了，但它又想救市，要增发国债和国际货币基金组织的债券。但中国作为世界最大的外汇储备国之一，如果不带头购买这些债券，其他国家可能都不愿意买。保尔森因此飞来中国，恳请中国购买美国债券，帮助美国渡过难关。

我记得当时英国的《独立报》（*The Independent*）发文写道：美国的救市计划能否成功，不仅取决于美国纳税人，也取决于中国等国家的支持。文章认为最终决定史上最大的金融救助计划命运的将是中国等国家，所以美国财政部长保尔森在北京开展巡回演说时才说道，"他需要做的不仅仅是单膝下跪"。文章还指出，如果中国决定不再购买美国新发的债券，或抛售目前持有的债券，那美国的前景将会非常糟糕，当然中国的利益也会受损。

从当时中国的经济情况来看，外贸占中国国内生产总值逾60%，而中美贸易又占很大的比例，所以美国的金融海啸确实给中国造成了巨大的消极影响。中国人也真的认为，世界经济已是你中有我，我中有你，一荣俱荣，一损俱损。中国的文化基因是与人为善，大家同舟共济，互相帮助。中国政府经过慎重思考，决定出手帮助美国，大量增持了美国国债，同时自己也进入货币相对宽松时期，出台了后来颇有争议的"四万亿计划"。但我个人认为，总体上"四万亿"还是利大于弊，毕竟我们用这"四万亿"，使中国的基础设施得到了全面提升，包括建成了世界规模最大、技术最好的高铁网络。

但与此同时，我们看到，美国从危机中稍有复苏就忘恩负义。那次我对在场的耶鲁学者说，以我自己的判断，美国资本主义爆发下一场大危机只是时间问题，是一年之后，还是三年之内，现在还很难预测，但这场危机会来的。对于中国自己来说，中国社会主义模式是阻止这场危机蔓延到中国来的唯一手段，所以中国不可能放弃中国社会主义模式，这是中国克敌制胜的法宝。我希望下一次美国危机爆发的时候，不要再来求中国帮忙，希望美国资本主义可以自己扛过去。我也希望下一次危机到来的时候，中国政府也考虑一下对于一个忘恩负义的国家，有没有必要出手相助，或者说，中国社会主义有没有必要帮助拯救美国资本主义。人类命运共同体究竟怎么构建，我们都在探索，但它的基础只能是合作共赢，而不是美国奉行的唯我独尊、以邻为壑与零和游戏。

　　那么为什么中国不是国家资本主义，而是中国特色社会主义呢？它至少有西方制度没有的三个特点。第一，在中国的经济结构中，公有制占主导地位，这包括土地的公有制，在关系国计民生的战略领域内一批大型国企的存在，还有国家对许多战略资源的拥有，这和美国以私有制为主形成了鲜明的对照。我们的宪法规定，在社会主义初级阶段，我们实行以公有制为主、多种所有制经济共同发展的基本经济制度。

现在证明，这是一个了不起的制度安排，"混合经济"带来了中国今天的全面崛起。

第二，在中国发展过程中，绝大多数国民都是受益者，多数中国人的财富在过去数十年中大幅度提高，这和美国的情况形成了鲜明的对比。中国中产阶层从无到有，今天已达四亿，超过美国总人口。中国中产阶层今天到美国也是中产阶层——有房产，有稳定的收入，而美国多数人的实际收入在过去40年中几乎没有提高，美国中产阶级的规模在过去20多年缩小了近10%。这是人类历史上第一次，一个社会主义国家，根据购买力平价计算，已经成为世界最大的经济体，具有世界上最大的中产阶层，向世界输出最多的游客，具有世界最大的也是增长最快的消费市场。中国还基本实现了全民养老和医保的覆盖，虽然水平仍然参差不齐，但美国目前还做不到。

第三，中国有一个代表人民整体利益的政治力量，也就是中国共产党，而美国今天找不到代表美国人民整体利益的政治力量。中国作为一个"百国之和"的文明型国家，在自己漫长的历史长河中形成了统一执政集团的传统，一旦背离这个传统，国家就陷入四分五裂。中国共产党的执政很大程度上还是这种政治传统的延续和发展。中国这种独特的制度安排使整个国家可以形成最广泛的社会共识，制定超长时间段的奋斗目标，然后一代接着一代干，从而克服西方模式下最常见的民粹主义、短视主义和政治极端主义等弊病。

总之，一是公有制占主体，二是多数人从发展进程中受益，三是有一个代表人民整体利益的政治力量。我个人认为，这些就是中国特色社会主义的本质特征。把中国社会主义说成是国家资本主义，很像把今天的美国资本主义称为"美式社会主义"。美国政府现在对经济活动的干预恐怕令世界上最自由主义的经济学家也感到瞠目结舌了。

显而易见，中国的迅速崛起和中国特色社会主义的成功，早已超出了西方理论和话语的诠释能力，时代呼唤以中国眼光和中国话语来读懂中国道路、读懂世界。本着这样的精神，我们接受了2017年全国哲学社会科学规划办"社会主义制度优越性研究"的课题和复旦大学"两大工程"下的"中国社会主义话语演进"课题。本书就是我们研究团队参与这两个课题研究的初步成果。

我们分别从历史比较、国际比较、马克思主义中国化和政治经济学等视角出发，对中国社会主义及其话语体系进行了探讨和研究，其中不少成果曾先后发表在《求是》《人民日报》《北京日报》《环球时报》等报刊，也有一些发表在观察者网等网络平台。我们提出的许多观点具有一定的原创性，发表的文章也产生了一定的甚至较大的社会影响，但这两个课题需要探索的东西还有很多，我们的见解只是一家之言，定有不妥之处，诚恳欢迎批评指正。

　　谨借此机会，真诚感谢我们研究团队成员的宝贵贡献，真诚感谢全国哲学社会科学规划办、复旦大学"两大工程"和上海人民出版社对我们的信任与支持。没有大家的支持，本书的面世是难以想象的。

2019 年 8 月 1 日
于淀山湖畔

第一部分

历史视角看中国特色社会主义的优势

（寒竹　文扬）

中国的社会主义，或社会主义在中国，都是晚近的事物，理论上的历史未超过100年，实践上的历史才70年左右，而现在所称的"中国特色社会主义"，也只有40年左右。若放在5000多年中华历史的长度上衡量，只是百分之一二，相互之间的关系，不可能是割裂分立的，必然是传承发展的。

正所谓存在决定意识。中国的社会制度作为一种上层建筑，追根溯源，是由支撑着"中国"这一国家政治意识的两个巨大的客观存在所决定的。

第一个巨大存在是中华民族繁衍生息所依托的以中原为中心并向四周延展的、很早就被认为是"天下"的、独特的自然地理环境。第二个巨大存在是中华民族独自创造出来的、绵延5000年不曾中断、生生不息蓬勃发展直到今天独特的中华历史文化。这两个巨大的客观存在都属于天然存在，它们在最大的程度上决定了中华民族的各种上层建筑——历史上不同的政治组织形式，乃至今天的社会制度。

而由于这两个天然存在都是独一无二的，所以中国的社会制度在本质上也是独一无二的，与来自西方的各种社会制度之间，也许会有"暗合"的关系，或"殊路同归"的关系，但绝无源流和继承的关系。

习近平总书记在2013年6月中共中央政治局第七次集体学习时指出:"中国特色社会主义植根于中华文化沃土……这条道路来之不易,它是在改革开放30多年的伟大实践中走出来的,是在中华人民共和国成立60多年的持续探索中走出来的,是在对近代以来170多年中华民族发展历程的深刻总结中走出来的,是在对中华民族5000多年悠久文明的传承中走出来的,具有深厚的历史渊源和广泛的现实基础。"[1]这是一个正确的、科学的表述。

5000多年的悠久文明不仅独一无二,而且完整统一,无法割断,无法分拆。在今天的中华人民共和国领土之内乃至整个东亚地区,说到国家,就必定要从夏朝说起;说到皇帝称号,就必定要从秦始皇说起;说到年号纪年,就必定要从汉武帝说起,这个特殊纪年不仅比公元纪年早一百多年,而且在史书上一年不缺地一直排到宣统三年……

还有历法、文字、习俗、典章、器物、观念、精神等,世界上再找不到第二个如此悠久、连续、完整、同一的巨型文明。

首先看清楚这个现实,再来探究中国特色社会主义的独特之处和优越之处,很多问题就比较容易得到解答了。实际上，正是中国独特的国家起源、独特的政治文化、独特的经济形态决定了中国独特的社会制度。而这一切都与中华古文明时期直接相关。为了厘清中国特色社会主义制度与中华文明之间的关系，我们先来看看作为舶来品的社会主义思潮，在西方是如何萌生的。

（文扬）

一、西方近代社会主义思想

社会主义在西方的萌芽

西欧地区在历史上的大部分时间并没有大型的农耕定居文明，除了伊比利亚半岛和法兰西等地有一些面积较大的农耕地区，大部分地区都是非定居文明。在公元5世纪罗马帝国解体后，阿尔卑斯山以北的日耳曼部落长时期被称为"蛮族"。

与中国北方草原帝国与中原帝国之间的共生共存关系类似，西北欧蛮族部落的文明发展，也主要是通过对南方和东方地中海定居文明的劫掠和侵占，如罗马帝国末期的蛮族入侵以及11世纪至13世纪的十字军东征。

而到了大航海时代，则发展出更大范围的征服活动，包括对整个美洲和非洲的劫掠和侵占。因此，其基本性质就是一种"游盗文明"。

产自西欧地区的社会主义，在概念诞生之初，含义很确切，并不混乱。恩格斯说过："社会主义是资产阶级的运动，而共产主义则是工人阶级的运动。"[2]

在19世纪中期的西欧，这个描述符合现实。在工人阶级作为一个"自为"的阶级崛起并建立了自己的国家之前，世界的图景是这样的：近现代历史的西方源头，就是16—19世纪300年间发生在西欧的社会巨变；而这个巨变的核心部分，就是一个新的人群——出现在城市当中的、非贵族出身的、需要自谋生路的、主要依赖于智力劳动的、凭金钱获得权力和地位的"资产阶级"——的崛起。

而资本主义和社会主义，归根结底不过是这个新兴阶级为了说明自身或调适自身而制造出来的不同理论。

最早的使用者，如欧文主义者和圣西门主义者们，主要用"社会主义"这个概念表达他们不满资本主义社会中盛行的个人主义而期望实现集体主义理想，如法国圣西门派的戎西埃雷在1832年发表的一篇文章中写到，"我们不愿意为社会主义而牺牲个人，也不愿意为个人而牺牲社会主义"。1840年欧文（Robert Owen）出版了《社会主义与理性社会制度》（*Socialism or the Rational System of Society*）一书，将社会主义制度作为对资本主义制度的一种修正和改造而正式提了出来。

所以说，关于资本主义的理论，从根本上决定了关于社会主义的理论，没有前者就没有后者。或者说，首先出现的是被资产阶级理论家建构出来的关于资本主义的宏大叙事，而各式各样的社会主义理论，无论是谁创造出来的，也无论处在光谱的哪个位置，其实无不是从这同一棵观念的"大树"上生长出来的枝枝叶叶。

而关于资本主义，最简单粗糙也是最长盛不衰的宏大叙事，就是"自古以来早已存在"论，即认定世界上存在一种追求利润最大化的普世理性，人类从原始社会开始就有了"互通有无，以物易物，相互交易"（亚当·斯密）的天性，也就是资本主义的萌芽。此后，人类社会踏上了通向现代资本主义商业社会的伟大征程，旅途漫长而艰辛，英勇的"资本主义者"们（从巴比伦商人，经佛罗伦萨市民，直到鹿特丹和伦敦的资本家）一路披荆斩棘，移除了所有障碍和藩篱之后，终于抵达了今天这个光辉的彼岸。

这是关于资本主义最光鲜亮丽的一副面孔，那些血腥残暴、你死我活、尔虞我诈、敲骨吸髓的相貌都不见了，撒旦魔鬼被打扮成了英雄大卫。

就这样，关于资本主义的英雄故事，与关于西方文明的光辉道路一起，构成了近代以来"西方中心论"的主线。虽然可以确认，在16—19世纪的300多年时间里，西欧地区的确发生了一场独一无二的社会巨变，但同样可以确认，这场巨变只发生在西欧所处的游盗文明当中，属于特例，与其他类型的文明基本无关，当然不具有普遍意义。之所以后来被嵌入了整个"世界历史"，被解释为一个所有文明早晚都要经历的必然阶段，被当作西方文明的先进性和优越性进行理论上的归纳总结并用来指导所有其他文明，无非就是西方取得了全球统治地位之后才应运而生的一个学术工程，旨在使西方的统治合法化、永久化。

人们耳熟能详的各种解释理论——理性科学、自由个体、新教伦理、人文主义——千方百计使西方世界与其他地方区别开来，并形成了说明为什么现代资本主义只出现在西方并最终导致了西方的胜出的各种理论。这些理论实际上大都站不住脚，因为其中有太多伪造历史和简化现实的痕迹。

伪造和简化工作，主要是由18—19世纪的日耳曼历史学家群体完成的。他们通过区别"文明民族"和"野蛮民族"、"演进的历史"和"静止的历史"等貌似科学的概念，有选择地将古代文明史重新编造成一个连贯的、有利于西欧的"世界历史"。在这种以欧洲为中心的单线历史当中，中国和印度一定被排除在世界历史之外；波斯、阿拉伯、突厥、蒙古，也一定被当作"野蛮文明"被边缘化、妖魔化；剩下的就是一个从古埃及、古苏美尔开始，经过了雅典、罗马、耶路撒冷这个"古典时代"，进入了千年"中世纪"之后，通过佛罗伦萨的"文艺复兴"，接着到了近代的宗教改革、工业革命时期，最终来到了现代自由民主这样一条光辉道路。

完全无视中国和印度，就等于是将人类文明史上最为重要的大型定居文明排除在了历史叙事之外。利奥波德·冯·兰克和马克斯·韦伯等人是"欧洲中心的单线发展史"以及所谓"内在发展的刚性规律"的主要建构者，但由于他们影响巨大，19世纪的西方社会科学几乎完全建立在兰克的"科学史学"和韦伯主义的"西方中心论"的基础之上。

一百多年里围绕资本主义和社会主义之对错优劣的各种争论，也许根本没有走出那个被所谓"经典"理论、"经典"观念堆砌起来的空中楼阁，从来没触及真正的社会现实和更广阔的世界。如果抽离掉"欧洲中心的单线发展史"和"内在发展的刚性规律"等基本假定，认识到这些观念完全可能是错觉，是一种只属于特殊类型文明的特殊情况，那么关于"一切人类社会的历史"的各种理论，在今天这个互联网时代的知识基础和批判环境下，都会变得面目可疑、漏洞百出。

马克思在《共产党宣言》中说："大工业建立了由美洲的发现所准备好的世界市场。世界市场使商业、航海业和陆路交通得到了巨大的发展，这种发展又反过来促进了工业的扩展。同时，随着工业、商业、航海业和铁路的扩展，资产阶级也在同一程度上得到发展，增加自己的资本，把中世纪遗留下来的一切阶级都排挤到后面去。"[3]这就是当时的时代巨变，就是此后几百年资本主义和社会主义之争的源头。而之所以发生了资产阶级突然崛起这个巨变，从西欧的历史上看主要原因有三个：一是从非洲贩卖的奴隶和从美洲掠夺的金银令西欧权贵阶层暴富；二是政治上的四分五裂刺激了各国精英阶层之间的激烈竞争；三是各国公权力的虚弱导致私权力膨胀。

这三个主要原因都有充足的史实作支撑，如果不是受到"欧洲中心的单线发展史"观念的强力主导，引出各种牵强附会和东拉西扯——源自古希腊的资本主义萌芽、源自古罗马的共和主义和私法传统、源自文艺复兴的人文主义和科学理性、源自新教革命的资本主义工作伦理、源自"大宪章"和"普通法"的自由主义文化——本来早应该出现更符合史实、更合乎逻辑、更令人信服的历史叙述。

实际上，这三个原因没那么离奇难解，本质上无非是游盗文明的特性在那个时期的集中反映：第一条，从非洲贩卖的奴隶和从美洲掠夺的金银，背后是人类历史上最为野蛮凶残的集体屠杀和种族灭绝，非游盗文明不能以此为天经地义并大行其道；第二条，西欧的四分五裂，反映出罗马帝国覆灭后西欧基督教社会长达千年的低等文明状态，非游盗文明不会是如此这般的早期历史；第三条，公权力的虚弱，体现出该地区国家建设普遍的未完成，甚至尚未达到古代亚述、埃及、巴比伦、波斯等早期文明国家的建设水平，非游盗文明不能处在如此这般的状态。

所以，归根结底还是这个文明自身的特殊性，在大航海时代之后西欧各国资产阶级的迅速膨胀，不过就是这个特殊文明在一个特殊时期出现的一段特殊的小历史：从一个不高的文明状态中，以最野蛮的方式积累了财富，借助于最适合的社会条件，实现了最顺利的崛起。

具体来说，包括了如下几个方面：

第一，从巨富的贵族阶层对奢侈品的强大需求中，诞生了网络状的"国际贸易"市场，同时在西北欧几个贸易中心城市出现强大的商业权力。

第二，从西欧各国内部特定的社会冲突中涌现出特定的精英集团，不同精英集团一方面以各自的方式统治远方的土地和人民，另一方面凭借各自攫取资源的能力而相互竞争。

第三，从各国精英集团之间的竞争和战争中诞生了现代国家，国家从精英们让渡出来的私权力中获得公权力，并反过来通过公权力服务于精英集团。

第四，精英集团与国家的合作，使得精英集团拥有包括了经济和政治等多重攫取资源的手段，这导致农民和手工业者全面沦为无产者，从而形成了庞大的无产阶级。

第五，由于无产者失去了所有的生产资料，生产者必须通过出卖劳动力换取工资并取得生产工具。这就导致了劳动力的商品化，也导致了资本主义生产方式的出现，即所有的产品和服务，包括最基本的生活必需品，都是为了以获利为目的的交换而进行的生产。

有关资产阶级和无产阶级、资本主义和社会主义各种理论所赖以产生的那个现实世界，就在这里了，也就是这些了，不需要更多了。

掀掉了"西方中心的单线发展史"这件外衣，搬掉了古希腊、古罗马这块垫脚石，抽掉了资本主义"内在发展的刚性逻辑"这根脊柱，回归西欧资产阶级之崛起的本来面目，其实不过就是源于蛮族群体的游盗文明借助于幸运降临的历史条件实现的一次成功逆袭。尽管也有它的独特优势，例如游盗文明特有的开拓精神、探索精神、征服精神，体现在西欧资产阶级身上，表现为过人的勇气、无尽的激情、充沛的能量、超强的学习和创造能力，的确令其他类型的文明相对失色。虽然是新生的文明群体，但是他们从古老的地中海文明和东方文明中学到了科学和哲学，学到了文学和艺术，并创造性地应用到了他们的全球征服事业中。而征服事业的扩展又反过来进一步刺激新的发明和创造，形成了一个"先进"

和"霸权"相互加强的正循环。但远远到不了构成一个"人类社会发展必然阶段"的程度。

试图从这段特殊的小历史中归纳经验、形成理论、普及世界、教导各国、指引未来，对输出者来说是"思想帝国主义"，对输入者来说则无异于缘木求鱼、刻舟求剑，只会越学越歪。

（文扬）

共产主义与社会主义之辨析

人们在谈到共产主义与社会主义的起源时，常把这两个概念混为一谈。由于马克思、恩格斯既是共产主义理论的创建人，也是科学社会主义运动的倡导者，所以，人们常常对马克思主义产生之前的空想共产主义与空想社会主义这两个概念不加区分。比如像托马斯·莫尔（Thomas More）、康帕内拉（Tommas Campanella）、温斯坦莱（Gerrard Winstanley）等人，中国学界主流有时把他们的思想称为"空想共产主义"，有时称为"空想社会主义"。其实社会主义与共产主义这两个概念的起源和要解决的问题虽有很大的一致性，但也相当不同。如果弄不清楚这些差异则会导致很多误解，尤其不能理解20世纪社会主义在中国的发展。

无论是作为人类社会的一种思想还是作为特定的概念，共产主义的产生都要早于社会主义。空想共产主义思想最早产生于16世纪初。1516年，英国人托马斯·莫尔写了《乌托邦》（*Utopia*），一方面尖锐地批评了英国资本主义兴起时出现的"圈地运动"，同时也虚幻地描绘了一个生产资料公有的完美社会。由于托马斯·莫尔在《乌托邦》一书中描绘的理想社会没有私有财产和商品交换，人们根据生活需要获取生产产品，所以莫尔通常被公认为早期共产主义思想的奠基人。除了莫尔的《乌托邦》外，1619年德国人安德里亚（J. V. Andreä）所著的《基督城》（*Christianopolis*），1623年意大利人托马斯·康帕内拉所著的《太阳城》（*The City of the Sun*），1651年英国"掘地派"代表人物杰拉德·温斯坦莱写成的《自由法》（*The Law of Freedom*）也都以不同形式描绘了生产资料公有、社会生活按需分配的理想社会。严格说来，这些思想家都属于空想共产主义者。否定私有制、摈弃商品交换、主张生产资料公有和社会生活按需分配是这些空想共产主义者的共同理想。在这个时期，真正意义上的空想社会主义尚未产生。

从语词的产生看，共产主义作为一种概念也比社会主义概念产生得早。"共产主义"一词最早是1777年由法国哲学家维克多·德·胡佩（Victor d'Hupay）提出来的，用以描绘一种没有私有制、物质产品根据居民生活需要共享的公社生活。这是人类思想史上第一次用"共产主义"这个概念来描绘未来理想社会。相对而言，社会主义概念的产生则比共产主义概念的产生晚了半个多世纪。一直到19世纪30年代中期，法国的圣西门和英国的欧文才提出社会主义概念。按照爱德华·伯恩施坦（Eduard Bernstein）的说法，"社会主义一词第一次出现是在十九世纪三十年代的中期。一些人在英国，在高尚的社会改革家罗伯特·欧文的学派中，另一些人在法国，在伟大的社会哲学家圣西门的集团里说出了这个词"。[4]通常，圣西门、傅立叶和欧文被称为"空想社会主义者"。

当然，空想共产主义与空想社会主义都是基于对资本主义弊端的揭露和批判，从而对未来社会进行构想，二者的共同点显然大于差别。但二者的差别仍不容忽视。一般说来，由于空想共产主义产生较早，当时的资本主义生产关系尚未发育成熟，真正意义上的工人运动尚未形成，所以，空想共产主义离现实运动稍远，更多是对未来理想社会的憧憬和描绘。而空想社会主义是产生于工业革命之后，工人运动已经对资本主义社会形成强大冲击，空想社会主义对如何摧毁或改变资本主义社会思考得更多，像欧文基本上就是一个空想社会主义的实践者。所以，相比较而言，空想共产主义更多是对未来社会的憧憬和设想，而空想社会主义更多是着眼于否定或改造当下的资本主义社会。

与空想共产主义、空想社会主义的产生在时间上有先后之别一样，马克思、恩格斯在19世纪对共产主义和社会主义的理论阐释也存在时间先后的历史逻辑。

按照马克思的历史唯物主义，人类社会是先进入社会主义社会，然后才进入共产主义社会。也就是说，按照历史顺序，社会主义社会在先，共产主义社会在后。但是，在马克思、恩格斯的著作中，对社会主义概念的使用比起共产主义概念却晚了近30年。理解马克思主义经典作家使用共产主义和社会主义这两个概念在时间上的先后顺序，对我们理解社会主义在人类历史中所处的历史阶段非常重要。

在马克思主义的论述中，共产主义既是指消灭了私有制的理想社会，也是指无产阶级为了获得解放的一种革命学说。马克思首次使用共产主义这个概念是在《1844年经济学哲学手稿》中。在这一著作中，马克思第一次从人的解放的角度使用了共产主义这个概念来表述消灭了私有制的理想社会，指出共产主义是对私有财产即人的自我异化的积极扬弃。这是把共产主义当作一种新型社会形态的初步表述。

1845年，马克思和恩格斯在《德意志意识形态》中既论述了消灭了私有制的共产主义社会，也论述了作为"自由联合体的运动"的共产主义运动。

1847年，恩格斯在《共产主义原理》这本小册子中把共产主义这个概念作为无产阶级的革命学说来使用，把共产主义理论界定为"关于无产阶级解放的条件的学说"。由于当时的现实原因，恩格斯在《共产主义原理》中是把社会主义作为一个负面概念来使用的，主要用来批评几种"反动的"社会主义，包括具有封建宗法色彩的"社会主义"、具有资产阶级改良主义性质的"社会主义"和资产阶级民主主义的"社会主义"。恩格斯后来曾解释，在19世纪中叶，由于一些错误思潮自我标榜为社会主义，所以，当时他并没有把社会主义作为一个正面的、积极的概念来使用。

1848年的《共产党宣言》是马克思主义诞生的标志，马克思和恩格斯在这本小册子中系统地阐述了共产主义运动的思想纲领。通常，《共产党宣言》被看成是科学社会主义的第一份纲领性文件。但是，在《共产党宣言》中，马克思和恩格斯对社会主义这个概念的使用基本沿用了恩格斯在《共产主义原理》中的说法，即把社会主义作为一个负面的概念来使用，把社会主义界定为具有封建色彩的反动思潮或具有资产阶级性质的改良主义。

在《共产党宣言》诞生后的相当一段时间里，马克思和恩格斯都没有正面使用社会主义这个概念。马克思在《资本论》这部多卷本的鸿篇巨制中谈到未来理想社会时，仍是使用"共产主义社会"这个概念，而没有使用"社会主义"这个概念。

马克思主义经典作家正面使用社会主义这个概念是恩格斯在1872年的《论住宅问题》论文集和1873年的《反杜林论》中。这时，恩格斯明确使用了"科学社会主义"这个概念，把以马克思的剩余价值学说和历史唯物主义为基础的科学社会主义跟形形色色的其他社会主义区分开来。在恩格斯的大部分论述中，科学社会主义主要是作为无产阶级获得解放的一种革命学说。

马克思在1875年的《哥达纲领批判》中首次把共产主义社会分为两个发展阶段，给将社会主义作为一个历史阶段奠定了理论基础。马克思在这部著作中提出了"在资本主义社会与共产主义社会之间，有一个从前者变为后者的革命转变时期。同这个时期相适应的也有一个政治上的过渡时期，这个时期的国家只能是无产阶级的革命专政"。[5] 这个无产阶级的革命专政时期就是后来马克思主义讲的向共产主义过渡的社会主义发展阶段。马克思认为这个过渡时期是共产主义的第一个阶段，在经济、道路和精神等方面还明显带有资本主义痕迹。马克思当时并没有使用社会主义这个概念来指称共产主义的第一阶段，但社会主义作为共产主义的初级阶段理论已经基本形成。

到了20世纪初，列宁明确把共产主义的第一阶段称为"社会主义"："从资本主义社会走上接近共产主义社会的任何一条通道，都需要有社会主义的计算和监督这样一个过渡，一个漫长而复杂的过渡（资本主义社会愈不发达，所需要的过渡时期就愈长）。"[6] 至此，社会主义既是一种无产阶级的革命学说，也是一个社会发展阶段。

那么，为什么马克思和恩格斯在提出了共产主义取代资本主义的理论后还要再进一步提出社会主义理论呢？这既有历史与现实的需要，也有理论逻辑的需要。

从现实的角度看，仅仅提出以共产主义取代资本主义显然是不够的，这样还没有真正超越空想共产主义。人类社会如何才能从资本主义社会进入共产主义社会？这才是关键问题，这个问题解决了，社会主义才能从空想走向科学。马克思、恩格斯和后来的列宁既是思想深刻的学者，也都是无产阶级革命家，他们清醒地知道，由资本主宰的资本主义社会显然不会自动地、自然地转型为共产主义社会。因此，马克思主义不仅要在理论上论证共产主义取代资本主义是历史的必然，而且还要在现实中给工人阶级指出一条从资本主义社会发展到共产主义社会的革命道路。马克思在《法兰西内战》和《哥达纲领批判》，恩格斯在《反杜林论》和《社会主义从空想到科学》，列宁在《国家与革命》的小册子和许多演讲中，都用不同方式论述了这样一个思想：当无产阶级推翻资产阶级政权之后，在打碎资产阶级国家机器后，并不能直接进入共产主义社会，在资本主义和共产主义社会之间有一个过渡时期，这就是社会主义社会。也就是说，在马克思列宁主义那里，社会主义社会并不是一个独立的社会形态，而仅仅是一个过渡时期，即从资本主义向共产主义过渡的时期。

共产主义的第一阶段，即社会主义阶段，与共产主义的高级阶段之间的区别，无论是从生产资料所有制角度还是从产品分配方式来讲，中外马克思主义研究界多有论述，在此不再赘述。这里仅想强调二者之间的一个重要区别，就是国家存在与否。国家是否要对经济事务进行统筹安排和干预，这是社会主义与共产主义的重要区别。

与阶级、政党和国家消亡了的共产主义社会不同，社会主义在过渡时期强调运用社会的力量来节制资本，干预和调节社会经济活动，确保社会的公平正义。从这个意义上讲，社会主义就是社会干预主义、社会调节主义、社会正义至上主义。而在现实社会中，能够有效进行社会干预和社会调节，能够有效节制资本的最主要力量只能是国家或政府。所以，主张社会主义的人通常都会主张加强国家和政府在经济事务中的作用，强化国家对经济活动的干预功能。也正是这个原因，"大政府""强势政府""政府主导""国进民退"这些概念常常被社会主义的批评者用来攻击社会主义。

政府与国家存不存在、发不发挥对社会的主导作用，这一社会主义社会与共产主义社会的重要区别，常常被人们忽略。忽略了这一点，就会很难理解为什么说中国有着世界上最深厚的社会主义传统。

（寒竹）

世界社会主义发展路线

马克思主义把社会主义从空想变为科学，同时也就意味着社会主义理论向现实的转化。科学社会主义产生后，欧洲各国的革命和运动风起云涌。1848年《共产党宣言》阐述了作为无产阶级先进队伍的共产党的性质、特点和斗争策略，指出了为党的最近目的而奋斗与争取实现共产主义终极目的之间的联系。《共产党宣言》最后庄严宣告："无产者在这个革命中失去的只是锁链。他们获得的将是整个世界。"并发出国际主义的战斗号召："全世界无产者，联合起来！"

1864年9月28日，工人阶级的第一个国际组织"国际工人联合会"（史称"第一国际"）在伦敦成立。马克思是创始人之一、实际上的领袖。建立于1871年的巴黎公社，是无产阶级武装暴力直接夺取城市政权的第一次尝试，它丰富和发

中国特色社会主义

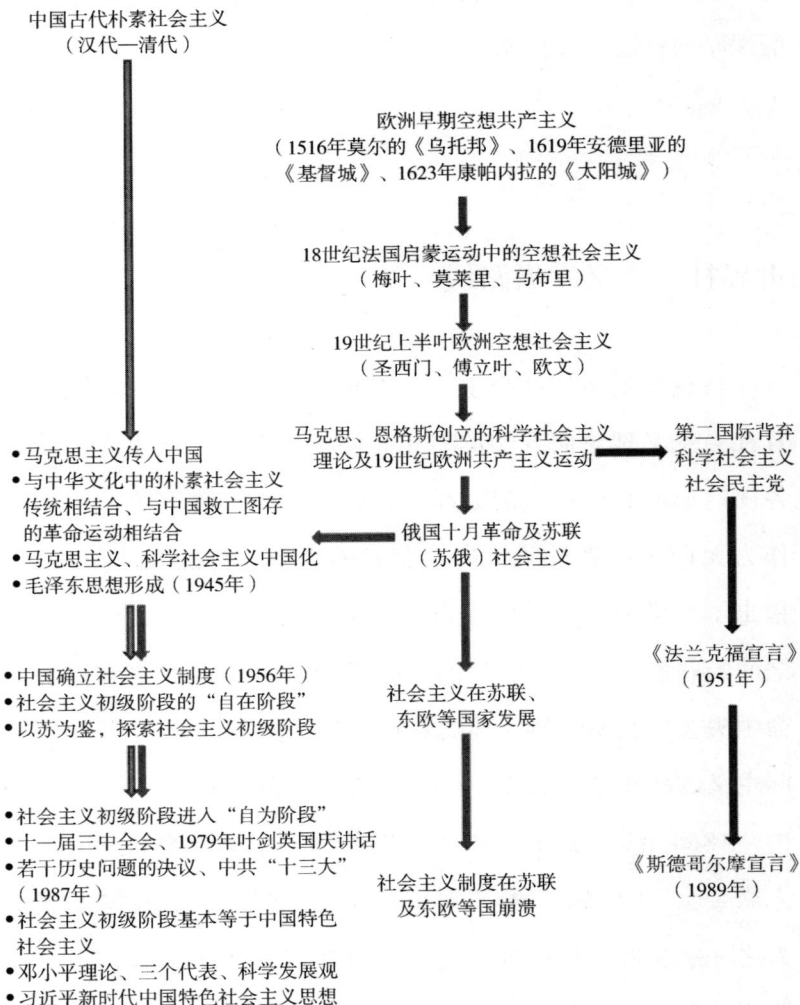

中国古代朴素社会主义
（汉代—清代）

欧洲早期空想共产主义
（1516年莫尔的《乌托邦》、1619年安德里亚的
《基督城》、1623年康帕内拉的《太阳城》）

18世纪法国启蒙运动中的空想社会主义
（梅叶、莫莱里、马布里）

19世纪上半叶欧洲空想社会主义
（圣西门、傅立叶、欧文）

马克思、恩格斯创立的科学社会主义
理论及19世纪欧洲共产主义运动

第二国际背弃
科学社会主义
社会民主党

- 马克思主义传入中国
- 与中华文化中的朴素社会主义
  传统相结合、与中国救亡图存
  的革命运动相结合
- 马克思主义、科学社会主义中国化
- 毛泽东思想形成（1945年）

俄国十月革命及苏联
（苏俄）社会主义

- 中国确立社会主义制度（1956年）
- 社会主义初级阶段的"自在阶段"
- 以苏为鉴，探索社会主义初级阶段

社会主义在苏联、
东欧等国家发展

《法兰克福宣言》
（1951年）

- 社会主义初级阶段进入"自为阶段"
- 十一届三中全会、1979年叶剑英国庆讲话
- 若干历史问题的决议、中共"十三大"
  （1987年）
- 社会主义初级阶段基本等于中国特色
  社会主义
- 邓小平理论、三个代表、科学发展观
- 习近平新时代中国特色社会主义思想

社会主义制度在苏联
及东欧等国崩溃

《斯德哥尔摩宣言》
（1989年）

展了马克思主义关于阶级斗争和社会主义的学说，为国际社会主义运动提供了宝贵的经验和教训，在国际共产主义运动史上写下了光辉、伟大而悲壮的一页。"第一国际"的法国支部也参加并领导了巴黎公社运动，但是随着巴黎公社的失败，其组织也日渐衰弱，并于1876年正式宣布解散。

1889年7月，在恩格斯的倡导下，来自22个国家的代表在巴黎召开国际社会主义者代表大会，创立"社会主义国际"（史称"第二国际"）。"第二国际"的影响包括：宣布每年的5月1日为国际劳动节，宣布每年的3月8日为国际妇女节，并发起了8小时工作制运动。

在社会主义运动史上真正具有划时代意义的事件是俄国十月革命。革命推翻了俄罗斯临时政府（俄罗斯共和国），为1918—1920年的苏俄内战和1922年苏维埃社会主义共和国联盟（苏联）的成立奠定了开端。十月革命的胜利开创了人类历史的新纪元，为世界各国无产阶级革命、殖民地和半殖民地的民族解放运动开辟了胜利前进的道路。

十月革命成功的消息传到中国后，新文化运动的主要代表之一李大钊、陈独秀立即热情宣传俄国革命和马克思主义，并团结了邓中夏、高君宇、张国焘、黄日葵、何孟雄、罗章龙等一批具有共产主义思想的青年知识分子，为建党做准备。十月革命后，青年毛泽东的思想也迅速发生转变。1918年4月，毛泽东与蔡和森等人在长沙组织新民学会，从事革命活动。五四运动后，毛泽东主编《湘江评论》，热情歌颂十月革命，认为这个胜利"必将普及于全世界"，"我们应当起而仿效"。1918年8月，毛泽东到达北京，任北京大学图书馆助理员，受到李大钊共产主义思想的影响。1919年12月，毛泽东第二次到北京，热心阅读关于十月革命的书籍和马克思主义著作。1920年4月，他从北京到上海，一直逗留到7月，同陈独秀探讨马克思主义以及如何开展湖南的革命活动等问题。在北京和上海这段时间里，毛泽东的思想迅速发生变化。到1920年冬，他从理论到实践都已成长为一个马克思主义者。1920年11月间，毛泽东在湖南收到陈独秀、李达的来信，接受他们的正式委托，积极筹备创立中国共产党。

　　1917年俄国爆发的十月革命和1919年中国爆发的五四运动对中国现代历史的发展产生了决定性的影响。随着马克思主义在中国的广泛传播，马克思主义逐步成为中国革命的指导思想。近代中国革命以五四运动为开端，进入新民主主义革命阶段。1921年7月，中国共产党成立。在中国共产党的领导下，为了民族的独立与解放、国家的繁荣与富强，党和人民进行了长期的艰苦卓绝的斗争，历经土地革命、抗日战争和解放战争，最终完成了中国革命的任务，建立了中华人民共和国。中华人民共和国的成立标志着中国新民主主义革命的基本胜利；1956年社会主义三大改造的基本完成，标志着中国新民主主义革命的结束和社会主义初级阶段的开始。

第二次世界大战结束后，东欧的一系列国家也加入了社会主义国家的行列，世界上形成了社会主义阵营。当时的社会主义阵营包括欧洲东部的苏联、波兰、民主德国、捷克斯洛伐克、匈牙利、罗马尼亚、保加利亚、阿尔巴尼亚、南斯拉夫社会主义联邦共和国和亚洲东部的中华人民共和国、蒙古人民共和国、朝鲜民主主义人民共和国、越南社会主义共和国等13个社会主义国家。

所以，从20世纪上半叶开始，科学社会主义既是一种社会理论、一种社会革命运动，也是共产党领导下的一种国家制度和发展道路。在制度上，所有共产党领导的社会主义国家都大体坚持了这样几个基本原则：共产党的领导、生产资料公有制、按劳分配、计划经济、人民民主等。不过，由于历史传统的不同，这几个原则在不同的社会主义国家实现的程度不尽相同。

1989年到1990年，苏联和东欧发生剧变，共产党失去政权，社会主义制度相继在这些国家崩溃。到了20世纪90年代初，社会主义的发源地欧洲已经不再有共产党领导的社会主义国家。

需要注意的是，除了共产党人主张的科学社会主义之外，世界上还存在其他形式的社会主义运动，其中最重要的是社会党国际（Socialist International，简称"SI"），这是全球社会党的一个国际联盟。

在历史上，社会党国际发表过两个重要宣言，一个是1951年的《法兰克福宣言》[7]，另一个是1989年的《斯德哥尔摩宣言》[8]。它们的基本宗旨是既批评资本主义，也反对科学社会主义；它们不主张取消私有制，也不主张推翻资本主义制度，而是主张在资本主义制度的框架中实行社会主义的公平正义主张。具体而言，社会党的社会主义就是经济上的福利主义、政治上的民主主义。因此，他们也把自己的纲领简称为"民主社会主义"。

1978年底，中共中央召开十一届三中全会，揭开了中国改革开放的序幕。这次会议是中国共产党历史上具有深远意义的伟大转折，标志着中国共产党开始了对中国社会主义建设道路的新探索。在改革开放进程中，中国共产党坚持科学社会主义的基本立场，结合中国国情，开始进行中国特色社会主义道路的探索。在此之后，落后于时代的计划经济体制逐渐退出，市场经济逐渐在经济发展的资源配置中发挥越来越大的作用。经过几十年的不断探索，中国特色社会主义的理论和制度基本形成。

如果我们把当前的中国道路和中国制度追溯到十一届三中全会以来的改革开放进程，会发现中国今天的社会主义道路和制度跟马克思、恩格斯和列宁当年设想的社会主义相比，有一个鲜明的特色，这就是中国的社会主义市场经济。

按照马克思主义理论，社会主义不仅要消灭私有制、建立生产资料公有制，还要取消商品经济、实行计划经济。马克思在《哥达纲领批判》中提出了未来社会主义和共产主义的制度构想，而这个构想并没有为商品生产和市场经济留下空间。[9]恩格斯在《反杜林论》中讲得很清楚："一旦社会占有了生产资料，商品生产就将被消除，而产品对生产者的统治也将随之消除。社会生产内部的无政府状态将为有计划的自觉的组织所代替。"[10]

列宁基本上继承了马克思和恩格斯的基本观点。列宁认为，"社会主义要求消灭货币的权力、资本的权力，消灭一切生产资料私有制，消灭商品经济"。[11]列宁指出，"只要仍然有交换，谈论什么社会主义就是可笑的"。[12]

但是，中国的改革开放对社会主义理论进行了创造性的发展。邓小平在1992年南方讲话中明确指出："计划经济不等于社会主义，资本主义也有计划；市场经济不等于资本主义，社会主义也有市场。"[13]1992年，中共十四大明确了中国经济体制改革的目标是建立社会主义市场经济体制。1993年，"社会主义市场经济"被写进了《中华人民共和国宪法》。因此，邓小平被称为"中国社会主义市场经济之父"（德新社）。

遵循邓小平对社会主义经济体制的构想，中国共产党在2013年的十八届三中全会上进一步提出市场要在资源配置中起决定性作用。中国共产党提出的社会主义市场经济理论是对社会主义理论的一个重大发展。在此之前，苏联和东欧的共产党也尝试对社会主义经济体系进行改革，试图容纳一定程度的市场经济，虽然有的国家在某些领域取得了一些成功，但最终都无法把社会主义与市场经济真正融为一体，无法使经济保持持续的活力，而这正是苏联和东欧社会主义制度崩溃的一个重要原因。

从世界社会主义发展的路线图可以看出，虽然共产主义理论、科学社会主义学说产生于欧洲，中国在20世纪建立的社会主义制度主要来自马克思创立的科学社会主义，但是，纵观整个人类2000年的社会主义发展路线图，中国既站在古代朴素社会主义的历史起点，也站在当今世界科学社会主义的领先位置。所以，在世界社会主义的发展进程中，中国社会主义的发展占有一个至关重要的位置，这是本章特别强调的一点。

（寒竹）

中国特色社会主义是21世纪社会主义

1. 对社会主义初级阶段的认识：从"自在"到"自觉"

按照马克思、恩格斯和列宁的论述，社会主义社会是从资本主义社会向共产主义过渡的一个历史阶段，是共产主义社会的低级阶段或初级阶段。那么，在社会主义这个共产主义的初级阶段，是否还要再划分出一个初级阶段，即社会主义的初级阶段，这是理解新时代中国特色社会主义的一个关键之点。

近年来，有学者提到，我们现在按照汇率计算已经是世界第二大经济体，按照购买力平价计算，中国已经在2014年超过美国成为世界第一大经济体，所以中国已经迈出发展中国家行列，已经走出社会主义初级阶段而进入了中级阶段。也有的学者侧重用生产力发展水平和社会物质财富的增加来界定中共十九大提出的新时代中国特色社会主义。这种仅从经济发展水平来判别社会历史发展阶段的观点有失片面。

判断一个社会处于何种社会阶段，既要看生产力水平的发展程度和社会物质财富的丰富程度，更要看生产关系。按照马克思主义的基本原理，生产力决定生产关系，但生产关系作为经济制度的核心具有相对独立性，并且决定着社会制度的先进与否。在20世纪50年代中期，当中国确立社会主义基本制度的时候，就生产力发展水平和社会物质财富而言，远远落后于西方发达资本主义国家。但这并不妨碍社会主义中国在政治制度和生产关系上相对于西方资本主义国家有着巨大的优越性。

中国学界通常把1956年看成是中国社会主义制度确立的

起点，这是因为中国在这一年完成了农业合作化和城市工商业的社会主义改造，生产资料公有和按劳分配的社会主义生产关系得以确立。

《中国共产党党章》是把共产主义作为最高理想，这说明我们的社会主义社会正如马克思指出的是一个过渡时期，社会主义终究是要从低级走向高级，最终过渡到共产主义社会。在社会主义的发展进程中，公有化的程度是一个标志。公有化的程度越高，意味着社会主义的程度越高，这是确定社会主义发展阶段的重要依据，也是我们理解中国社会主义初级阶段的关键之点。

在改革开放前30年，我们基本上消灭了私有制，逐渐用公有制的生产关系，包括全民所有制和集体所有制，涵盖了所有的经济体。但是，从1958年到"文化大革命"时期，中国共产党受到极左思潮的干扰，逐渐忽略了生产力的现实发展水平而片面追求生产资料所有制的公有化程度。由于对公有化程度的追求脱离了中国的现实国情，中国社会为此付出了很大的代价。"文化大革命"结束后，中国共产党立即纠正了超越生产力现实水平、片面追求公有化程度的错误。从十一届三中全会开始，中国共产党逐步调整生产关系，建构以公有制为主导的多种经济成分共同发展的社会主义初级阶段生产关系，最终在1987年的中共十三大正式提出了社会主义初级阶段理论。这是理解社会主义初级阶段理论的历史背景。

从以上的历史回顾可以看出，社会主义初级阶段理论是对中国社会生产关系的一个调整。这个调整，从生产关系上看，其实是一个战略性的退却，即把已经超前了的生产关系调回到跟生产力发展水平相适应的公有化水平，即把单一的公有制（包括全民所有制和集体所有制）退却到"以公有制为主体的多种经济成分共同发展的"经济体系。如果仅从公有化的程度来看，这当然是一个退却性的调整。但这种调整看似退却，实质上却是在前进，因为符合生产力发展水平的生产关系才能真正有效地促进经济发展，这就是唯物辩证法讲的波浪式发展或螺旋式上升。从有利于社会生产力的发展和社会物质文化的发展来看，这个调整是必需的，是符合中国的现实与国情的，因为这个调整是让中国社会的生产关系更加符合生产力的发展水平，更加符合中国的国情。

什么是社会主义初级阶段？"以公有制为主体的多种经济成分共同发展的历史阶段"就是初级阶段。中国共产党之所以把这个时期的中国社会主义冠之以"初级"二字，就是因为生产力的现实水平，中国以公有制为主导的社会主义生产关系还必须包括民营经济在内的多种所有制。正是由于生产关系中还有民营经济，所以我们把这个阶段称为"社会主义初级阶段"。

从社会主义初级阶段理论的提出，可以看到中国社会对社会主义初级阶段的认识并非一蹴而就，而是经历了一个从"自在"到"自觉"的过程。中国共产党对社会主义初级阶段的探索始于1955年毛泽东提出的"以苏为鉴"和1959年毛泽东在《读苏联〈政治经济学教科书〉的谈话》中提出的不发达社会主义阶段与发达的社会主义阶段。但是，总体说来，尽管中国共产党在20世纪六七十年代对社会主义初级阶段进行了很多有价值的探索，但一直没有对社会主义初级阶段的内容形成自觉认识。一直到十一届三中全会后，中共对社会主义初级阶段的认识才进入自觉阶段，1987年中共十三大正式提出社会主义初级阶段理论是这个自觉认识形成的标志。

明白了以上道理，我们就会清醒认识到，在相当长一段时间里，我们的社会主义还不能超越初级阶段，还必须允许有多种经济成分存在。虽然是公有制在中国经济体系占主导地位，但是还有大量的非公有制的民营企业对今天的中国经济作出了巨大的贡献。如果当年我们没有给民营企业提供广阔的发展空间，中国就很难取得今天这样巨大的经济成就。所以，在理解新时代中国特色社会主义的时候，任何超越初级阶段的提法都意味着脱离中国经济发展的现实，都不利于民营企业的发展。中共十九大政治报告讲的最大国情就在于此。

2. 社会主义的中国特色与初级阶段的关系

从十九大报告中看，新时代中国特色社会主义还是保留了"特色"两个字。为什么还要继续用"特色"二字来界定中国的社会主义？

按照马克思主义的哲学观，人类社会中的任何实践都具有特殊性，特殊性是实践的基本品格。在社会主义的实践过程中，每一个国家的社会主义道路都是特殊的。现实中从来不存在一般性的社会主义道路。从1917年俄国十月革命开始，所有国家建设社会主义的道路都是特殊的。20世纪初的苏联共产党开创的社会主义道路就跟19世纪马克思、恩格斯所设想的社会主义社会不一样。从这个意义上讲，当年的苏联道路其实就是具有苏联特色的社会主义道路。而东欧、亚洲，每一个社会主义国家的道路也都有着鲜明的民族特色。当时的各个社会主义国家之所以没有使用"特色"二字来界定自己的社会主义道路，是因为后来苏联的救世主心态和沙文主义。20世纪的苏共领导人在相当长一段时期把自己开创的具有苏联特色的社会主义道路称为"世界社会主义道路"，只有普遍性，没有特殊性，值得所有的社会主义国家照搬。第二次世界大战后很长一段时间内，任何社会主义国家如果声称有自己国家的特色，就意味着背弃苏联道路。所以，苏联在社会主义阵营中强行推行"普世化"使得"特色"二字成了社会主义阵营的禁区，这也是中苏矛盾产生的重要根源之一。

事实上，按照马克思主义哲学，普遍性或共性是不能够单独存在的，而只能存在于特殊性或个性之中。1937年，毛泽东在延安的窑洞里给中国人民抗日军政大学学员讲授哲学课的提纲中写下了一段著名的话："共性个性、绝对相对的道理，是关于事物矛盾的问题的精髓，不懂得它，就等于抛弃了辩证法。"[14]基于这样一种把普遍与特殊统一起来的辩证思想，毛泽东在1938年的六届六中全会的政治报告中提出了马克思主义的中国化："马克思主义必须通过民族形式才能实现。

没有抽象的马克思主义，只有具体的马克思主义。所谓具体的马克思主义，就是通过民族形式的马克思主义。"[15]

用人类最终将走向共产主义的宏观视野看，"特色"二字对中国社会主义的界定终究是要去掉的。但值得注意的是，到目前为止，中国共产党仍然坚持中国特色社会主义这个提法。在十九大政治报告中，中国共产党把新时代的中国特色社会主义理论称为"习近平新时代中国特色社会主义思想"。中国共产党坚持用中国特色社会主义这个基本概念，主要是由中国仍处在社会主义初级阶段这个最大的国情所决定的。

从中国的社会主义道路、理论的具体内容看，社会主义初级阶段跟中国特色社会主义的内涵基本一致。而过去三十几年，中国的政界、学界基本是在交替使用这两个概念。在相关的文件、报刊中，社会主义初级阶段通常就是指中国特色。同样，我们讲社会主义的中国特色也就是讲社会主义初级阶段。

在当下的中国，不放弃中国特色，就是不放弃社会主义初级阶段这个最大的国情、最大的实际。如果去掉"特色"二字，直接使用"中国社会主义"这个概念，就很难再使用社会主义初级阶段的概念。道理很简单，"特色"二字具有暂时性和阶段性，用"特色"来界定"初级阶段"在理论上是自洽的。一旦去掉"特色"二字，直接使用"中国社会主义"这个概念，并同时继续坚持社会主义初级阶段这个概念，那么中国社会主义就有可能成为社会主义初级阶段的同义语，这就会拉低中国社会主义的历史地位。从理论上讲，中国特色社会主义可以是初级的，因为特色和初级都是暂时的、阶段性的，但中国社会主义却不能等同于社会主义初级阶段，因为中国社会主义迟早要走出初级阶段。

用不用中国特色并不是一个咬文嚼字的概念分析，有的时候概念的变化虽然没有在内容上提出新东西，但却有可能产生相当的社会影响。问题的关键是这种社会影响是正面的多还是负面的多。如果我们在理论阐释中去掉"特色"二字，直接使用"中国社会主义"，对社会确会产生一定的心理影响。今天，如果去掉了"特色"两个字而直接使用"中国社会主义"这个概念，极有可能使得很多人为了维持理论的自洽而倾向于放弃社会主义初级阶段理论，如果这样，将会给中国社会的发展带来极不稳定的因素。中国共产党把到21世纪中叶的基本路线界定为中国社会主义初级阶段的基本路线。邓小平强调这个基本路线一百年不动摇，习近平总书记反复告诫全党要牢牢把握社会主义初级阶段这个最大国情，立足社会主义初级阶段这个最大实际，这是对中国国情的准确判断。放弃社会主义初级阶段理论必将意味着对现有生产关系进行重大调整，而在中国目前的经济发展中，现有的生产关系还需要稳定和维系相当长的时间，并不适宜作出重大调整。所谓中国最大的国情、最大的实际就是指这个客观现实。

3. 新时代中国特色社会主义是21世纪社会主义

2017年2月，经济咨询公司普华永道（PwC）发布了《2050年的世界：全球经济秩序如何改变？》（*The World in 2050—The Long View: How will the Global Economic Order Change by 2050?* ）。这份报告对世界32个最大的经济体进行了比较和预测，这32个国家的经济总量目前占全球经济总量的85%。

这份报告提供了两种评价标准来对比和预测各国国内生产总值（GDP）的情况。如果以购买力平价（PPP）作为计算标准，中国2016年的GDP总量已位居榜首。排名第二至第十位的依次是美国、印度、日本、德国、俄罗斯、巴西、印度尼西亚、英国和法国。

　　如果以市场汇率（MER）来计算，2016年，中国的GDP为11.392万亿美元，美国的GDP为18.562万亿美元，目前中国仍然落后于美国。但是，按照普华永道的预测，到了2030年再以MER计算GDP，中国将以26.499万亿美元超过美国，美国则以23.475万亿美元排名第二位，印度第三（7.841万亿美元）。

表1　以购买力平价计算的各国GDP排名

GDP排名（按购买力平价）	2016年排名		2030年排名	
	国家	GDP（单位：十亿美元）	国家	GDP预测（单位：十亿美元）
1	中国	21269	中国	38008
2	美国	18562	美国	23475
3	印度	8721	印度	19511
4	日本	4932	日本	5606
5	德国	3979	印度尼西亚	5424
6	俄罗斯	3745	俄罗斯	4736
7	巴西	3135	德国	4707
8	印度尼西亚	3028	巴西	4439
9	英国	2788	墨西哥	3661
10	法国	2737	英国	3638

表2　以市场汇率计算的各国GDP排名

GDP排名（按市场汇率）	2016年排名		2030年排名	
	国家	GDP（单位：十亿美元）	国家	GDP预测（单位：十亿美元）
1	美国	18562	中国	26499
2	中国	11392	美国	23475
3	日本	4730	印度	7841
4	德国	3495	日本	5468
5	英国	2650	德国	4347
6	法国	2488	英国	3530
7	印度	2251	法国	3186
8	意大利	1852	巴西	2969
9	巴西	1770	印度尼西亚	2449
10	加拿大	1532	意大利	2278

数据来源："The Long View: How will the Global Economic Order Change by 2050?"，见 www.pwc.com/world2050。

在制造业领域，中国在2010年就超过了美国，成为全球制造业第一大国。目前，在世界500种主要工业品中，中国有220种产品产量位居全球第一位。

根据《2016年交通运输行业发展统计公报》，截至2016年底，中国高速公路里程为13.1万公里，早已超过美国的9.2万公里，居世界第一。高铁运营里程突破2万公里，占世界总里程60%以上。

中国是一个社会主义国家。当中国经济总量超过美国的时候，并不仅仅是一个经济大国在经济总量上超过了另一个经济大国，同时也是一种政治超越，这跟19世纪末美国经济总量超过英国成为世界第一有着根本不同的意义。美国超过英国，是一个资本主义国家超过另一个资本主义国家，是世界资本主义发展的一部分。而中国超越美国则意味着世界经济总量的龙头老大从资本主义国家转移到了社会主义国家，这对世界社会主义的发展有着划时代的重大意义。

1917年俄国十月革命的成功，被看成是开辟了人类历史的新纪元。共产党领导的工人阶级在人类历史上第一次成功夺得政权，社会主义第一次成为一个国家的社会制度。在不远的将来，中国在经济总量上超越美国也可以说是开辟人类社会的新纪元；中国经济领先全球，就是社会主义生命力的彰显、社会主义优越性的显现。从此，世界发展的引领者将是一个社会主义国家。

在当今世界，由共产党领导的社会主义国家有五个：中国、越南、老挝、朝鲜和古巴。从人口规模、经济体量和世界影响来衡量，世界社会主义现实的发展主要在中国。中国的繁荣昌盛与社会主义的再度辉煌息息相关。当代世界社会主义的发展在中国，中国的发展就是世界社会主义的发展。中共十九大确立的习近平新时代中国特色社会主义思想事实上已经成为世界社会主义最重要的理论创新与发展。新时代中国特色社会主义就是21世纪的社会主义。

（寒竹）

二、作为"天下"型定居文明的中华文明

中国的早期国家

2016年8月，国际学术期刊《科学》（*Science*）上刊登了一篇题为"公元前1920年的洪水暴发为中国传说中的大洪水和夏朝的存在提供依据"（"Outburst Flood at 1920 BCE Supports Historicity of China's Great Flood and the Xia Dynasty"）的文章。尽管此文引起了很大争议，但无论如何，通过"夏商周断代工程"和"中华文明探源工程"展开的考古，对河南龙山文化王湾类型、新密新砦遗址和二里头遗址为代表的二里头文化的发

掘整理，的确趋向于证明中国的夏朝和大禹其人的真实存在。

关于洪水和大禹治水，在《尚书》《国语》《孟子》《淮南子》《史记》和《汉书》等古典文献中都有详细记载。如果说夏朝标志着中国"早期国家"的诞生，那么根据这些记载，中国这个国家就是从治水活动中产生的。最初的"禹贡九州"就是治水的产物。

虽然学者们并不认为"禹贡九州"或"舜典十二州"真的是当时的行政区划，但即使只是一个规划和政治理想，若在世界范围内比较，也是独一无二的。它至少表示，在距今4000年左右的当时，位于东亚的这块土地上已经有了九块或十二块相互连接在一起的较大的定居农业经济体，并且处在一个中央权力的统一治理之下。

同时期的埃及、苏美尔等文明，尽管发育得更早，某些方面的文明成就也更发达，却没有如此大的地理范围，也不是一个地理中心，所以也不会产生"天下"的观念。即使在某个时期有过类似的意识，但随着邻近多个王国的崛起，相互交往和征战的增多，"中心"的观念也就很快让位于"林立"的观念了。

同时期的古印度文明，虽然地理范围也很大，但文明发育较晚。在夏王国时期，印度河流域还在哈拉巴文化时期，历史记录基本空白。

所以，公元前2000多年的世界，四大古文明当中只有古中国出现了大范围的、具有地理中心的、向四周延展的定居文明。而这个独特的古文明特征，就已经决定了中国早期国家的基本性质。

单从典籍这一个方面看，据《史记·夏本纪》：

当帝尧之时，鸿水滔天，浩浩怀山襄陵，下民其忧。尧求能治水者，群臣四岳皆曰鲧可。[16]

这说明什么呢？说明中国早期国家的诞生，起源于天降大任，是英雄圣王奉天之命救民于水火。

尧崩，帝舜问四岳曰："有能成美尧之事者使居官？"皆曰："伯禹为司空，可成美尧之功。"舜曰："嗟，然！"命禹："女平水土，维是勉之。"禹拜稽首，让于契、后稷、皋陶。[17]

这说明什么呢？说明中国早期国家官员的诞生，从一开始就源于选贤任能。

> 禹为人敏给克勤；其德不违，其仁可亲，其言可信；声为律，身为度，称以出；亹亹穆穆，为纲为纪。[18]

这讲的是为政之道。

> 翕受普施，九德咸事，俊乂在官，百吏肃谨。毋教邪淫奇谋。非其人居其官，是谓乱天事。天讨有罪，五刑五用哉。[19]

这讲的是为官之道。

> 与稷予众庶难得之食。食少，调有馀补不足，徙居。众民乃定，万国为治。[20]

这讲的是治理之道，即天下为公，即为人民服务，即社会主义。

虽然文献的记叙不是信史，但通过观念的形成也可以间接获得关于文明特色的基本认识。可以肯定的是，公元前2000年前后的世界，任何其他的文明体，无论是哪一个，都不会出现"众民乃定，万国为治"的局面，大多数根本就没有"众民"和"万国"的问题，只有在中华大地上、具有"九州"规模的大地上，才可能出现。这就是中华政治文明的真正起源，古代的诸子百家和现代的各种主义，统统离不开这个起源。

所以，并不是我们故意要排斥"西方中心论"、故意要回归"中华中心论"，历史就是这样过来的：在中华政治文明开始围绕具体的现实问题而自然展开时，真正意义的西方还没有出现，而其他文明则不具备类似的环境，也就不具有类似的问题。这是迄今为止所有西方学者所建构的"世界历史"中从未正视过的一个问题。

如果当时有一位神奇的旅行家能够走遍全球，比较世界各地的人类文明状况，他一定会震惊于中华大地上出现的发达政治文明。如果他足够睿智，甚至可以预测出各种不同文明未来的不同发展路径。如果他足够长寿，也必定会看到西方史学家们对世界历史的曲解、篡改和选择性采信。

就生产规模而言，中国的黄河和长江中下游这个广阔的平原地带，是当时世界上面积最大的经济体，而且是一个从中心向四周扩展直到外部边缘的完整范围。《左传》中有记载："宋、郑之间有隙地焉，曰弥作、顷丘、玉畅、嵒、戈、钖。"[21]这说明，从三代到春秋的1000多年里，各个经济体一直随着大国对小国的兼并而扩大，相连的部分越来越大，但还没有完全连成片，一些小的邦国和蛮族还散落其间。而到了春秋末年，最迟至战国时期，就已经完全连成片了。秦朝统一时，这个完整的经济体已达约300万平方公里之广，约3000万人口之众。

再从生产形态上看，这个范围又是当时世界上最大的定居经济体，具有极高的生产力。在《禹贡》中，关于九州各州的地形、河流、土壤和物产都有详细描述，并按照"五服"的划分，规定了不同的赋纳。"五服"为甸服、侯服、绥服、要服、荒服，各五百里，全部接起来，就是一个"东渐于海，西被于流沙，朔南暨声教讫于四海"，[22]广达上百万平方公里的"天下"。

"天下"的观念，在游牧文明中不可能产生，因为他们感觉不到固定的地理范围；在小规模定居文明中也不可能产生，因为他们感觉不到固定的地理中心；在任何边缘地带文明中也不可能产生，因为他们既感觉不到范围也感觉不到中心。所以这个重要观念只可能在一个广达千里、一直伸展到外部边缘的超大定居社会中产生，因为只有这里的人们才可能充分感觉到天和地的范围和中心，也才能将世间万物的运行与"天道"联系起来。

而"天下""天道""天命""天子""天民"等观念自从产生之后，就牢固地扎根在了中国人的思想观念当中，成了中国政治文明的基础，也成了中华民族这个"广土巨族"所独有的一种精神。

根据古史文献内容推测，黄帝部落还是游牧的，不是定居的，"天下有不顺者，黄帝从而征之，平者去之，披山通道，未尝宁居。……迁徙往来无常处，以师兵为营卫"。[23]但到了第三代的颛顼时期，就已经有了明确的定居范围："帝颛顼高阳者……北至于幽陵，南至于交趾，西至于流沙，东至于蟠木。"[24]

此后，这一特有的关于"天下"范围的表述几乎在每一个朝代都会重新出现。《吕氏春秋·为欲》："会有一欲，则北至大夏，南至北户，西至三危，东至扶木，不敢乱矣。"[25]《史记·秦始皇本纪》："六合之内，皇帝之土。东到大海，西涉流沙，南及北户，北过大夏。人迹所至，莫不臣服。"[26]《元史》："东尽辽左西极流沙，北逾阴山南越海表，汉唐极盛之时不及也。"[27]《大明一统志》："我皇明诞膺天命，统一华夷，幅员之广，东尽辽左，西极流沙，南越海表，北抵沙漠，四极八荒，靡不来庭。"[28]

所以，中国的国家具有完全不同的起源，它是中华古文明的特殊产物。在巨大的定居经济体这个经济基础、发达的古代农业技术这个生产力基础、独有的"天下"观这个思想观念基础，以及圣王英雄号召"天下"、以救民利民为"天命"这个政治基础之上，形成了独一无二的"天下"型定居文明，并孕育了独一无二的"广土巨族"。

如此看来，那些根据古代地中海世界和欧洲世界历史材料归纳出来的国家起源学说，基本不适用于中国的国家起源历史，因为那里既没有出现定居文明，也没有产生"天下"的观念，而是属于"狭土小族""游猎蛮族"，而国家也指的是那些林立的邦国，在生产规模、社会管理和政治组织等各个方面，远远不能与"广土巨族"的古中华相提并论。

（文扬）

"天下"型定居文明

在整个古代世界，与中国类似的超大定居经济体，只在古印度出现过。但由于印度古史严重缺失，此前的哈拉巴文化没有留下只言片语，所以最早也只能追溯到公元前15世纪雅利安人进入印度建立起婆罗门教社会之后。

公元前4世纪末建立起来的孔雀王朝，是在亚历山大东征的冲击下引发的本土崛起，到了第三代帝王阿育王时期，在疆域上已是超大定居社会了，也有丰富的物产和发达的贸易。

虽然根据现代的文献有理由相信鼎盛时期的孔雀王朝在疆域、人口、政治、军事、文化等多个方面很接近中华的秦汉王朝，阿育王的多个壮举甚至还早于秦始皇，但最根本的区别是，这一王朝并未完成政治制度的现代化和国家的大一统建设。弗朗西斯·福山（Francis Fukuyama）在比较了中国的秦朝和印度孔雀王朝之后，得出结论：（两者）"政体的性质可说相差十万八千里"。[29]他写道："孔雀王朝……政府用人完全是家族式的，受种姓制度的严格限制。……据我们所知，孔雀王朝没有统一度量衡，也没有在管辖地区统一语言。……孔雀王朝的终止导致帝国分崩离析，分割成数百个政治体，很多尚处在国家之前的层次。"[30]

相比之下，同时期的中国秦朝已是一个成熟的"天下"型定居文明了。这个王朝首先实现了国家政治制度的现代化，废封建行郡县，并进行了大量的大一统建设——收天下兵，开疆扩土，堕城郭、决川防、夷险阻，驰道于天下，器械一量，同书文字，别黑白而定一尊……而秦亡之后，虽然出现了封建制回潮，但终归"汉承秦制"，一个更加建制化的"天下"帝国在秦朝政治制度的基础上实现了更为伟大的崛起，登上了中华王朝的第一个巅峰。这最充分地说明了古中华政治文化的高度发展和持久的生命力。

再看同时期的地中海世界。大约与秦汉帝国建立的同时，罗马共和国和罗马帝国先后崛起，虽然从版图上看两者规模相当，但实质上差别巨大。首先，中国从禹贡九州这一连片定居农业区一直发展到秦国广达300多万平方公里的大一统天下，一方面是文明疆域的不断扩大，另一方面是物产和人口的不断增加，是一个以定居文明为主的统一形态文明体，具有极大的内生成长力。而反观罗马帝国所覆盖的环地中海沿岸，即使实现了帝国的统一，但各处的文明类型仍然千差万别，民族和宗教也千差万别；虽然也有多处定居文明，但与中华大地无法相提并论：一是幅员较小，二是地处分散，三是相互林立。

每一个王国都清楚地意识到不远的地方还有其他王国和民族，虽然可以通过战争征服建立起多民族、多宗教、多文化的大型帝国，但不可能实现中华式的大一统，也产生不出"天下"的观念。

而且在环地中海沿岸的定居文明中，以谷物为主的农作物的生产区域并不多，也没有连成片，大多数地区只能生产橄榄油、葡萄酒和木材，所以不太可能养育很多人口。根据有关资料，罗马帝国时期由奥古斯都亲自主持了三次人口普查，根据他的自传记载，三次分别为406.3万、423.3万和493.7万人，只相当于中国战国时期一个大国的人口。弗朗西斯·福山在《政治秩序的起源：从前人类时代到法国大革命》（*The Origins of Political Order: From Prehuman Times to the French Revolution*）一书中将信将疑地写道："从公元前356年到前236年，秦国据说一共杀死150多万他国士兵。历史学家认为，这些数字夸大其词，无法证实。但它仍颇不寻常，中国的数字简直是西方对应国的10倍。"[31]

根据《中国人口史》中的统计，秦朝时人口在2500万—4000万之间，虽然秦末汉初战乱导致了人口锐减，但经过休养生息之后，在汉朝的高峰时期达到过6000万。考虑到其时中国巨大面积的农业生产区，以及在当时就已很发达的耕种技术，养育的人口十倍于地中海和欧洲地区，并不奇怪。

再看古波斯。从早期历史上看，古波斯帝国是一个半游牧、半定居的文明。崛起于前7世纪的米底王国，包括了十个部落，其中有六个以农耕为主，四个以游牧为主，疆域覆盖了整个伊朗高原和小亚细亚的部分地区。公元前559年居鲁士大帝统一古波斯各部落，于公元前553—前550年击败米底王国统治者，建立起强盛的阿契美尼德王朝。

阿契美尼德王朝史称第一波斯帝国，历经220年。极盛时期的疆域横跨欧亚非三洲，总面积约为600万平方公里，人口峰值约为1800万。

国家建设方面，在史称"大流士改革"的时期，大流士划分了行省、军区，统一了铸币，修建了道路，开通了运河。从大流士一世时起，帝国就有四个首都：苏撒、爱克巴坦那、巴比伦和帕赛玻里斯。据记载：苏撒的宫殿用埃及的乌木和白银、黎巴嫩的雪松、巴克特利亚的黄金、粟特的青金石和朱砂、花剌子模的绿宝石以及印度的象牙修建装饰而成，国王及其宫廷一年四季轮流驻于每个都城。希腊剧作家欧里庇得斯在《酒神的伴侣》一篇中写道："我离了佛律癸亚和盛产

61

黄金的吕狄亚之后，经过太阳晒焦的波斯平原，巴克特里亚的城关，墨狄亚的寒冷高原，富庶的阿拉伯，还经过亚细亚沿岸有美丽望楼的许多城市……"[32]

古中华、古印度、古东地中海、古波斯这四个地区，是最早出现较大型、较发达的定居文明的地区。但是，古印度虽然也是超大，却没能实现政治制度的现代化，也就是没有用官僚制度取代家族统治，用世俗权力取代神权，也没有完成大一统国家建设。而东地中海古文明虽然最早，却只有狭小的、分散的和林立的定居文明，即使在罗马时期建立起了环地中海的超大型帝国，疆域面积甚至超过了秦帝国很多，但也不是大一统国家。其民族是分离的，阶级是分离的，宗教、文化、经济各方面都是分离的，帝国解体之后，一切回到从前。古波斯与罗马帝国类似，在很多方面实际上是罗马帝国的前身，所达到的文明成就也早于罗马帝国数个世纪。只是因为对于波斯帝国的历史描述主要是来自其宿敌希腊的历史学家，长期以来没有得到公正的评价。

对于罗马帝国和波斯帝国，福山评价孔雀王朝的那句话皆适用："王朝的终止导致帝国分崩离析，分割成数百个政治体，很多尚处在国家之前的层次。"[33]原因并不复杂，只有实现了政治制度的现代化、完成了国家大一统建设的"天下"帝国，才有可能在未来的历史上一次次复活，而不是昙花一现。实际上，除了中国的秦汉帝国，世界历史上所有其他帝国都只是半完成，或没完成。

为什么秦朝首先完成了政治制度的现代化，成了世界上第一个现代国家？为什么秦朝废封建、设郡县的政治措施在此后两千多年历史上成为"百代秦制"，被每一个王朝所实行？为什么中国在世界历史的大多数时间里都是最富庶的国家，而且会有从中国向世界各地源源不断输送丝绸、瓷器和其他物产的"丝绸之路"？根据唯物史观，道理也很简单，就是由巨量的物产和巨量的人口这两个基本的物质环境因素所决定的。也就是说，"天下"型定居文明已经内含了世界第一的经济基础，加上一个与之相适应的现代上层建筑之后，就是世界第一的现代大国。

《礼记·王制》曰：

凡四海之内九州，州方千里，州建百里之国三十，七十里之国六十，五十里之国百有二十，凡二百一十国。名山大泽不以封，其馀以为附庸间田。八州，州

63

二百一十国。天子之县内，方百里之国九，七十里之国
二十有一，五十里之国六十有三，凡九十三国。名山大泽
不以封，其馀以禄士，以为间田。凡九州千七百七十三
国，天子之元士、诸侯之附庸不与。

……

天子三公、九卿、二十七大夫、八十一元士。大国
三卿，皆命于天子；下大夫五人，上士二十七人。次国
三卿，二卿命于天子，一卿命于其君；下大夫五人，上
士二十七人。小国二卿，皆命于其君；下大夫五人，上
士二十七人。[34]

这种对于"四海之内"的统一规划和管理，在当时的世
界没有第二个。也许如某些学者所怀疑的，《礼记》不是先秦
的书，而是汉代儒生的托伪，但也仍然是世界第一，因为世
界上其他地区根本没有如此范围巨大的定居文明。

秦始皇时期的石刻碑文泰山刻石辞云："治道运行，诸产
得宜，皆有法式"；琅琊刻石辞云："诛乱除害，兴利致福。节
事以时，诸产繁殖。黔首安宁，不用兵革"；碣石刻石辞云：
"男乐其畴，女修其业，事各有序。惠被诸产，久并来田，莫

不安所"。³⁵

在世界范围内比较，孔雀王朝、波斯帝国和罗马帝国都没有达到过如此程度的大一统。

简言之，在中国这个天下国家，"大道之行也，天下为公"的政治文化和"百代秦制"的政治制度，首先是因为其天然性而带有了必然性，从而成了自然而然的路径选择。身处这样一个独一无二的定居文明环境当中，国家一统、政治安定与经济繁荣、民生发展之间的关系，从一开始就不言自明。而且这个道理也只能从中国天下国家自身的历史经验中归纳出来，与任何产生于其他地区的主义和理论都不可一概而论。

（文扬）

非定居文明

以中华"天下"型定居文明为基准，再来衡量世界上其他文明，就有了新的观察视角。

与定居文明相对的，是非定居文明。打开古代世界的地图，从中国长城以北的蒙古草原，一直到欧洲的阿尔卑斯山以北的日耳曼森林，整个欧亚大陆的大部分地区都是非定居文明。

简单说，世界各地的非定居文明，大致可以分为以下几类：一类是以畜牧生产为主的游牧文明，如内亚草原地区的各民族；一类是以商业贸易为主的游商文明，如阿拉伯世界各民族；一类是以远征掠夺为主的游盗文明，如西欧大陆各民族。

从历史上看，非定居文明在文明发展程度上总是大大低于定居文明的，其形象的描述、身份的定位、历史的记载，都掌握在其定居文明邻居那里。在工业化出现之前，这些落后文明的演变有两个主要方向：一是通过强行入侵和迁徙不断地将自己融入附近的定居文明当中；二是通过敲诈、贸易和掠夺在自己的故土上逐渐发展出定居城市，演变成商业型或军事型的定居文明。总之最后的出路都是逐渐演变成定居文明。

前一种主要发生在邻近的定居文明王朝陷入混乱、中央政权崩溃的时期，后一种则主要发生在邻近的定居文明政治统一、繁荣兴盛的时期。而中国的数千年历史，就充分见证了这两种演变方式。除蒙古帝国时期之外，中原王朝兴衰的周期与草原帝国兴衰的周期基本同步：匈奴帝国与大汉帝国同时出现，突厥帝国与隋唐帝国同步崛起，而八王之乱的发生紧接着就是史书上所说的"五胡乱华"。

美国波士顿大学人类学教授托马斯·巴菲尔德（Thomas Barfield）在《危险的边疆：游牧帝国与中国》（*The Perilous Frontier: Nomadic Empires and China*）一书中写道："南部的本土王朝以及东北与西北的外族王朝分割了中国的领土。在那些摧毁外族王朝并在本族统治下形成大一统的统一战争期间，草原也顺畅地再次联合起来，构成一个完整的周期。一个主要的本土王朝的覆亡与在稳固的外族统治下的秩序重建之间的滞后时间在每一周期中日渐减少：汉朝崩溃后的数世纪混乱局面，唐朝覆亡后的数十年，以及明朝被推翻后的几乎同时。外族王朝的持久性表现出类似的特征——在第一个周期中是最短的，在第三个周期中是最长的。"[36]

这也就意味着，非定居文明的发展实际上"依托"于邻近定居文明的发展，通过敲诈、和亲、内附、迁徙、征服等各种形式，保持与定居文明之间在民族、文化、技术、经济、政治各方面的交流与杂糅，最终成为军事征服型的定居文明。

关于民族的杂糅，葛剑雄教授在《统一与分裂：中国历史的启示》一书中写道："从秦汉以来，由北方进入黄河流域的非华夏民族至少有匈奴、乌桓、鲜卑、羌、氐、羯、丁零、突厥、高丽、回纥、契丹、党项、女真、蒙古、维吾尔、回、满等，其中有的来自遥远的中亚和西亚。这些民族中，一部分又迁回了原地或迁到中国以外去了，但相当大一部分加入了汉族，有的整个民族都已经消失在汉人之中了。"[37]

张文木教授在《世界地缘政治中的中国国家安全利益分析》中，则从"农业全球化"的角度描述了这个现象，他认为，古代世界发生过以文明古国为辐射源的农业全球化过程。"在这个过程中，居于强势地位的农业国家和民族最终或征服或同化了其他非农业国家和民族……其他民族也曾对这种农业全球化浪潮进行过和平或暴力的抵制……其结果是征服者被被征服者所征服，这些征服民族无一例外地被农业全球化的浪潮所溶化。"[38]

在亚欧大陆另一端，西北欧地区与地中海地区之间的关系，类似于中国北方与南方的关系。在相当长的历史时期内，前者是落后野蛮的文明，后者是先进开化的文明。前者通过类似的两种方式与南方定居文明之间在民族、文化、技术、经济、政治各方面进行交流与杂糅，逐渐演变成商业型或军事型的定居文明。

若以中国西周到秦汉，或印度孔雀王朝，或阿契美尼德王朝等任何一个文明古国的文明标准来衡量，古代欧洲基本上是文明空白，长期居住着凯尔特人、汪达尔人、东哥特人、西哥特人、伦巴第人、勃艮第人、阿勒曼尼人等被统称为蛮族的史前民族。正如朱迪斯·M.本内特（Judith M. Bennett）在《欧洲中世纪史》（*Medieval Europe: A Short History*）中所说的："在与罗马帝国发生接触之前，这些民族都目不识丁，那时候的事情也都没有书面记载，因此也都属于'史前'。"[39]由此也可以理解为什么近代欧洲在崛起之后一定要将古希腊和古罗马从古地中海文明中分离出来，硬说成是西方文明的"古典时期"，因为它真实的"古典时期"什么都没有。

近代西方文明真正的诞生，始于十字军东征。在此之前的一千年里，它不过是从原始的哈尔施塔特文明和拉坦诺文明转变成为罗马帝国覆灭之后的一个个信奉基督教的蛮族部落。彼得·弗兰科潘（Peter Frankopan）在《丝绸之路：一部全新的世界史》（*The Silk Roads: A New History of the World*）一书中描述了这段历史："教皇的动员得到了广泛的响应：1096年，几万人的大军开始向耶路撒冷进军。……局势突然发生了变化，西方正逐渐将自己拖向世界的中心。"[40]他的意思是，这才是西方在世界历史中的第一次亮相。

十字军东征是欧洲通过掠夺外部世界的财富将自己发展

为富裕的大型定居文明的开始。在此后的一千年里，"十字军方式"不断重复——对印度的掠夺、对美洲的掠夺、对非洲的掠夺，直到殖民主义和帝国主义全盛时期，实现了对于全世界所有非西方国家和民族的掠夺。甚至在今天，西方也仍然在进行着一种本质上属于新殖民主义的全球掠夺。

由于西方文明诞生得很晚，在它诞生之前，南方的地中海文明和东方的波斯文明与印度文明都已经达到了相当高的程度，因此它对其他文明的"依托"表现得更为明显，文化、技术、财富和制度几乎都是输入的，很大一部分就是抢劫得来的，包括蛮族入侵和十字军这种形式的陆地远征，也包括大航海时期的海上远征，即海盗活动。

兰克将蛮族入侵、十字军东征和大航海称为西方文明诞生过程中的"三次深呼吸"，倒是客观上承认了西方文明的"游盗文明"本质。

这就是"天下"型定居文明的视角，看清世界，认清西方，理清自己，都要出于这个视角。从这个视角看出去，世界历史的真实图景其实很灰暗，远没有中华文明自身的历史那样光明。

（文扬）

三、中国古代社会主义思想

"天下"型定居文明与社会主义

通过前面的系列分类——在定居文明中，区分出"天下"型定居文明、非"天下"型定居文明和分散狭小的定居文明；在非定居文明中，区别出游牧文明、游商文明、游盗文明——中华文明的真实身份和地位可以清楚地凸显出来。

首先，只有中华文明是"天下"型定居文明，所以，源自这个文明的中华古代哲学思想、政治思想、经济思想、军事思想等，本质上都只是关于这个文明的，而不是关于其他文明的，尤其不是关于游牧、游商、游盗这些非定居、半野蛮文明的。这也就是孟子说"吾闻用夏变夷者，未闻变于夷者"[41]的含义。

《周易》："天地交而万物通也，上下交而其志同也"；[42]《礼记》："大道之行也，天下为公"；[43]《公羊传》："王者欲一乎天下"；[44]《论语》："一日克己复礼，天下归仁焉"；[45]《道德经》："天之道损有余而补不足，人之道损不足以奉有余"；[46]

《孟子》:"以不忍人之心,行不忍人之政,治天下可运之掌上";[47]《管子》:"以天下之财,利天下之人";[48]《韩非子》:"凡治天下必因人情。人情者有好恶,故赏罚可用;赏罚可用,则禁令可立,而治道具矣"[49]。由此可见,无论是儒家、道家,还是法家等,都是以"天下"而不是以"一国"为考虑范围的,而且这些也只能在"天下"型定居文明中产生。

墨家表述得更清楚:"然则奚以为治法而可?故曰:莫若法天。天之行广而无私,其施厚而不德,其明久而不衰,故圣王法之。既以天为法,动作有为,必度于天。天之所欲则为之,天所不欲则止。然而天何欲何恶者也?天必欲人之相爱相利,而不欲人之相恶相贼也。奚以知天之欲人之相爱相利,而不欲人之相恶相贼也?以其兼而爱之、兼而利之也。奚以知天兼而爱之、兼而利之也?以其兼而有之、兼而食之也。"[50]

墨子说:"今天下无大小国,皆天之邑也。人无幼长贵贱,皆天之臣也。"[51]国是国,天是天,两者区别很大,正如约瑟夫·列文森(Joseph R. Levenson)所观察到的:"在早期'国'是一个权力体,与此相比较,天下则是一个价值体。"[52]只有在天下,才谈得上"相爱相利",而国与国之间则只有

"相恶相贼"。

这是否意味着，只要是关于"天下"，关于大型定居文明，关于人类社会整体价值的思想，必然就是带有社会主义主张的思想呢？而关于个人，关于某个阶级，关于一国权力的，也就必然是带有资本主义主张的思想呢？

实际上，老子的"天之道损有余而补不足，人之道损不足以奉有余"就已经将两者的关系讲清楚了。而孔子的"为富不仁"、管子的"私者，乱天下也"，就是对于资本主义的批判，"天下为公""以天下之财，利天下之人"也就是社会主义主张。归根结底，中国古代诸子百家的社会主义思想，也都是从"天下"观、"天道"观、"天命"观中产生出来的，都是"天下"型定居文明的天然产物。

与之对应，个体主义思想、自由主义思想、资本主义思想，归根结底都是小型定居文明、游牧文明、游商文明、游盗文明的天然产物。

再比较一下经典文本。首先看中华经典：

《禹贡》："于是九州攸同，四奥既居，九山刊旅，九川涤原，九泽既陂，四海会同。六府甚修，众土交正，致慎财赋，咸则三壤成赋。中国赐土姓：'祇台德先，不距朕行。'令天

子之国以外五百里甸服：百里赋纳總，二百里纳銍，三百里
纳秸服，四百里粟，五百里米。甸服外五百里侯服：百里采，
二百里任国，三百里诸侯。侯服外五百里绥服：三百里揆文
教，二百里奋武卫。绥服外五百里要服：三百里夷，二百里
蔡。要服外五百里荒服：三百里蛮，二百里流。东渐于海，
西被于流沙，朔、南暨：声教讫于四海。于是帝锡禹玄圭，
以告成功于天下。天下于是太平治。"[53]

　　唐杜佑的《通典》："昔黄帝始经土设井，以塞争端。立步
制亩，以防不足。使八家为井，井开四道，而分八宅，凿井
于中。一则不泄地气，二则无费一家，三则同风俗，四则齐
巧拙，五则通财货，六则存亡更守，七则出入相司，八则嫁
娶相媒，九则无有相贷，十则疾病相救。是以性情可得而亲，
生产可得而均。均则欺凌之路塞，亲则门讼之心弭。既牧之
于邑。故井一为邻，邻三为朋，朋三为里，里五为邑，邑十
为都，都十为师，师十为州。夫始分之于井则地著，计之于
州则数详。迄乎夏殷，不易其制。"[54]

　　再看西方经典：

　　《圣经·创世记》19：24—28："当时，耶和华将硫磺
与火从天上耶和华那里降与所多玛和蛾摩拉，把那些城和全

平原，并城里所有的居民，连地上生长的，都毁灭了。罗得的妻子在后边回头一看，就变成了一根盐柱。亚伯拉罕清早起来，到了他从前站在耶和华面前的地方，向所多玛和蛾摩拉与平原的全地观看，不料，那地方烟气上腾，如同烧窑一般。"

霍布斯的《利维坦》："贪得巨富或热中声名是令人尊重的，因为这是获得这一切的权势的象征……行为只要是伟大和艰巨的、因而成为巨大权势的象征时，就是令人尊重的，合乎正义与否并不足以改变这一点。原因是尊重只在于对权势的推崇。就是由于这一点，古代异教徒在诗中描写诸神的淫、盗及其他奇伟而不义或淫秽行为时，不以为是不尊敬神而以为正是大大地尊敬神。于是周比特神最足称道的便是私通淫奔之迹，而墨丘里之见崇则在于其欺诈与盗窃。荷马在一首称颂他的赞美诗中，对他最伟大的颂扬，就是说他早晨出生、中午发明了音乐，而晚上就从阿波罗的牧人那里偷走了牛羊。在大型国家形成之前，人们并不以为海陆行劫是不体面的，反而认为是一种正当的职业，这不但是希腊人如此，所有其他民族都是一样，这一点古代历史说明得很清楚。"[55]

在"九州攸同，四奥既居"的地方，物产丰富，繁荣昌盛，人和人之间可以讲仁义，讲兼爱，讲礼教。而在荒芜的不毛之地，缺乏基本的生活资料，只能通过"每个人对每个人的战争"来生存，杀戮和抢劫成为基本的生活方式，于是个人主义和自由主义大行其道。历史唯物主义的"存在决定意识"，道理正在于此。

所以说社会主义在中国首先是天然的，植根于中华文明得以发生发展的这个"天下"型定居文明当中。孔子所说的"庶之、富之、教之"三个层次都可以在这个文明当中天然地实现，而不需要通过对其他文明的杀戮和抢劫来实现。

马克思主义的科学社会主义理论进入中国之后，迅速实现了中国化，并成为新中国70年政治实践的重要指导思想，最为本质的原因，是现代中国没有变质，而是继续保持了其"天下"型定居文明的基本形态。只要这个基本文明形态不改变，无论是中国诸子百家的古代社会主义思想，还是马克思主义的科学社会主义思想，就都具有各自的适用性。

对于古老的中华来说，科学社会主义的适用性，一方面在于它是关于全人类和社会整体价值的，另一方面在于它又是关于工业和技术现代化以及经济和社会整体发展的，同时还在于它是反对西方资本主义和帝国主义列强的，所以自然会被接受为新中国的总体指导思想。

综合上述，将中华5000多年的历史置于文明形态分类的历史哲学框架当中，认识到中国今天的社会主义与自身古文明之间内在的必然联系，才容易看清楚今天的中国社会主义之路将何去何从。

（文扬）

中国古代朴素的社会主义

关于社会主义思想的产生与发展，有两个中外学界已经习惯了的定论。一个定论是把人类社会主义的产生追溯到16至17世纪的空想共产主义思想、18世纪的启蒙运动和19世纪的空想社会主义。这个传统定论是从马克思主义的思想来源追溯回去而形成的。对于这一点，恩格斯在《反杜林论》和《社会主义从空想到科学》中对马克思主义的思想来源讲得很清楚。但这个定论只是基于对欧洲思想发展进程的考察，缺失了对欧洲之外的世界，尤其是中国社会思想发展的考察。

另一个传统定论是把中国社会主义的产生追溯到20世纪

初五四运动前后。毫无疑问，现代社会主义作为一种理论，作为一种制度，并非产生于中国的本土，而是来自欧洲。甲午战败后，中国人痛定思痛，开始全方位向西方学习，西方各种思潮与理论纷纷涌入中国，而俄国十月革命一声炮响把科学社会主义从苏俄传到了中国。将中国现代社会主义思想的产生，追溯到从苏联（苏俄）传入的科学社会主义，确实有相当的事实依据。

但是，上述两个传统定论很难解释近几十年中国社会的飞速发展。众所周知，在20世纪八九十年代，社会主义在它的发源地欧洲遭遇重大挫折，苏联和东欧的社会主义制度相继崩溃。"冷战"结束之后，社会主义国家在全球只剩下中国、越南、老挝、朝鲜和古巴五个国家。但就在人类社会中的命运而言，社会主义并未因此呈现出整体走向衰落的颓势。当社会主义制度在它的发源地欧洲相继崩溃的同时，在中国，这一拥有13亿人口的国度，却欣欣向荣，风景这边独好。为什么社会主义在它的发源地欧洲欲振乏力，但在中国这个遥远的东方古老大国却新枝迸发，尽显出青春活力？

对社会主义在中国充满生命力的原因，如前文所引习近平总书记的深刻论述："中国特色社会主义这条道路来之不易，它是在改革开放30多年的伟大实践中走出来的，是在中华人民共和国成立60多年的持续探索中走出来的，是在对近代以来170多年中华民族发展历程的深刻总结中走出来的，是在对中华民族5000多年悠久文明的传承中走出来的，具有深厚的历史渊源和广泛的现实基础。"习总书记这句话明确指出了社会主义跟中国传统、中国历史有很深厚的关系，对于分析社会主义与中国的关系有着重要的指导意义。

1. 中国古代防止兼并的政策

中国在春秋战国时期出现了一场历时数百年的大规模土地私有化运动，到了秦始皇统一中国时，土地私有制已经基本确立。而秦王朝建立的大一统中国又给全国统一的商品市场提供了便利的交通和制度性保障，由于这一制度，在秦汉时期中国一跃而成为世界上最发达的国家。但是，土地私有制和繁荣的商品经济在促进经济发展的同时，也造成了社会贫富悬殊。中国历朝历代的中央政府为了社会的长治久安，不得不采取措施防止社会两极分化，维系社会的平等与公正，形成了一系列卓有成效的制度或政策。这些制度与政策体现出中国古代一种朴素的社会主义，这为中国在20世纪建立起社会主义制度提供了历史的基因。

在农耕时代，土地是最重要的生产资料，而中国可以自由买卖的土地制度有着2000多年的悠久历史，远远超过西方近代以来几百年的土地个人所有制历史。为了防止因土地自由买卖而导致的土地兼并，中国历代王朝都采取了一些平衡措施，有的朝代甚至进行了激烈的土地改革。这些措施与改革虽然不一定都有效，甚至也不一定都于民有利，但其初衷是为了维系社会的平等与公正。

汉代有"假公田"政策。该政策始于汉武帝，即朝廷把国家所掌握的土地交由农民耕种，从而将无地农民变为国家佃农，收取一定的"假税"。这个税率必须低于市场上私人土地的地租。至东汉时期，朝廷曾多次将国家掌握的土地分给无地少地贫民。

针对"文景之治"形成的土地兼并现象，董仲舒曾向汉武帝提出限制土地买卖的建议。董仲舒对"富者田连阡陌，贫者无立锥之地"深为不满。他认为这是商鞅废除井田制度留下的后遗症。解决这一社会问题的药方，就是恢复井田制度。但中国自春秋战国之后，土地私有制已经成为实行数百年的社会现实，恢复井田制度引起的社会动荡是国家难以承受的，于是董仲舒提出一个折中主义的方案——限田。《汉书·食货志》记载了董仲舒向汉武帝的建议："古井田法虽难卒行，宜少近古，限民名田，以澹不足，塞并兼之路。"[56]虽然汉武帝并未采取实质性的措施来限制私人田地的买卖，但他当时为增加国家的赋税收入所采取的"假公田"政策在一定程度上对失地农民起到了安抚作用。《汉书·武帝纪》记载了"罢苑马，以赐贫民"[57]之事。汉武帝以后这一政策得到了延续。

汉宣帝时期，公元前69年，朝廷实行"假郡国贫民田"；[58]公元前67年，"池籞未御幸者，假与贫民。郡国宫馆，勿复修治。流民还归者，假公田，贷种、食，且勿算事"[59]。

汉元帝在初元元年（公元前48年）三月、四月，初元二年（公元前47年），永光元年（公元前40年）四次下诏，命将少府所属的江海陂湖园地和郡国公田等，"假与贫民"，并"贷、种食"。汉代元、宣两朝都继续了汉武帝时期的"假公田"政策。

东汉王朝也继续了西汉防止土地兼并的政策。汉哀帝时期，师丹、孔光、何武等人根据董仲舒的"限民名田，以澹不足"的思想，向汉哀帝提出了"诸侯王、列侯皆得名田国中。列侯在长安，公主名田县道，及关内侯、吏民名田皆毋过三十顷。诸侯王奴婢二百人，列侯、公主百人，关内侯、吏民三十人。期尽三年，犯者没入官"。[60]这是防止达官贵人通过商品市场占有土地过多。这种思想和今天中国政府在楼市上的限购政策颇有相似之处。

据历史记载，西汉哀帝建平元年（公元前6年），平帝元始二年（2年）；东汉明帝永平九年（66年）、永平十三年（70年），章帝建初元年（76年）、元和元年（84年），和帝永元五年（111年）、安帝延光元年（122年）等年中，国家多次将掌握的土地分给无地少地贫民。

从北魏到隋唐实行的均田制是具有相当平等色彩的土地制度。从北魏到隋唐时代，朝廷把无主的荒芜土地以及荒山和偏远地方的土地，按人口数分给小农耕作，土地为朝廷所有，但农民耕作一定年限后可以获得所有权。

在秦汉至晚清两千多年的历史中，唐代的均田制最为成熟稳健，并且受到法律的保障。根据《旧唐书》，"凡天下之田，五尺为步，步二百有四十为亩，亩百为顷。度其肥瘠宽狭，以居其人。凡给田之制有差，园宅之地亦如之。凡给口分田，皆从便近。居城之人，本县无田者，则隔县给授。凡应收授之田，皆起十月，毕十二月。凡授田，先课后不课，先贫后富，先多后少"。[61]这个政策即使在今天看来，也有相当价值，说其具有古代朴素的社会主义思想并不为过。

自从井田制崩溃、土地个人所有制确立后，土地兼并一直是中国历朝历代政府忧心的社会问题，因为土地兼并引起的流民起义直接对王朝的统治构成威胁。由于这个现实原因，中国古代各个朝代中有为的君主或有见识的政治家都试图解决土地兼并的问题。其中很多解决方案在不同程度上都具有朴素的社会主义色彩，或者体现出追求社会平等的价值取向。

2. 中国古代防止商品经济引起的两极分化

中国古代朴素的社会主义思想除了体现为防止土地兼并的政策和主张以外，还体现在利用价值规律对商品市场进行干预和调节。

在16世纪以前，中国的商品经济一直领先于世界各国。但是商品经济是一把双刃剑，一方面它能够推动社会的发展和社会阶层的流动，具有很强的平等性；而另一方面，商品经济又会导致社会经济生活的两极分化。古今中外，不论是哪种社会，只要有商品经济，就会产生贫富悬殊。

毋庸置疑，对于国家统治者来说，两极分化是一个很严重的问题，这个问题直接关系到国家的稳定甚至国家的生死存亡。在2000多年的历史中，中国历代政府都试图通过各种政策来干预市场，减少社会两极分化的程度。

对于一个农耕社会来说，政府维系社会平等最重要的措施是对粮食供应的调节和平衡。民以食为天，在生产力低下的农耕社会，最重要的商品就是粮食，而粮食分配不公极容易引起社会动荡。

在中国古代社会，粮食市场常常会交替伴随着两种现象，一个是"谷贵伤民"，一个是"谷贱伤农"。所谓"谷贵伤民"，就是粮食太贵，普通百姓买不起粮食，青黄不接的季节或荒年常常路有饿殍，民不聊生。所谓"谷贱伤农"，就是说在丰收的季节粮价太低，农民劳碌一年，所得无几，苦不堪言。

上述两种现象实际上都是商品经济的必然产物。只要有商品经济存在，就有可能出现上述两种情况，要么是"谷贵伤民"，要么是"谷贱伤农"，这是价值规律使然。但是，这两种情况如果发展到极端，特别是遭遇天灾，饥饿的民众就有可能揭竿而起，威胁到朝廷的统治。

为了缓解这种社会矛盾，中国古代经常使用一个政策，这就是"常平仓法"。这个方法最早出现在春秋战国，当时齐国的管仲、越国的范蠡、魏国的李悝都实行过。

所谓"常平仓"就是运用市场的手段来保持物价的稳定。每当粮食丰收的季节，政府出面大量地采购粮食。根据供求关系，政府大量采购必然会阻止粮价下跌，防止"谷贱伤农"的局面出现。同理，到了青黄不接或粮食歉收的时候，由于粮价上涨，一部分穷人买不起粮食，这个时候政府会以低于市场的价格把粮食大量卖出来，以防止"谷贵伤民"。常平仓法就是政府要始终在仓库里面维持恒定数量的粮食，来调节和平衡市场。平粜和平籴是两种基本手段。古代中国几乎每个朝代都用了类似的方法。

从现代社会主义的基本理论看，政府用买进卖出的方法来保证粮价稳定，保证民众不受商人的压榨，避免危及社会的稳定、民众的生存，这是有积极意义的。这种政府出面干预粮食市场调节的做法显然带有朴素的社会主义色彩。美国在20世纪30年代遭遇严重经济危机时，罗斯福政府当时使用了中国宋代王安石新政中的常平仓政策，作为新政的农业政策的一部分，这一农业政策常常被美国保守主义指责为具有"社会主义性质"。

除了粮食之外，中国历代王朝还有一个方法调节市场以利民生，叫作"平准均输法"。"平准均输法"是指两个概念，一个叫平准，一个叫均输，均由汉代桑弘羊所创建。

平准制度也是在汉武帝时期创立。桑弘羊在京师长安首创平准机构，政府运用手中掌握的大量物资和经济力量来保障社会物价稳定。当市场上某种商品价格上涨时，平准官就以低价抛售该商品以抑平物价；当价格过度滑落时，则由平准官收购商品，使物价保持稳定。平准的推行，在一定程度上平抑了物价，保障了社会民生。在今天，保障物价的稳定仍然是中国政府的重要职能之一。

均输原意为"齐劳逸而便贡输"，[62]最初是为了方便各地方政府上贡产品。公元前115年，桑弘羊任大农丞时在各郡国设置均输官吏，令工官造车辆，加强运输力量；各郡国应交的贡品，除特优者仍应直接运送京师外，一般贡品则按当地市场价格，折合成当地丰饶而价廉的土特产品，交给均输官，由他负责运到其他价高地区销售。这样，既可免除各郡国输送贡物入京的繁难，减轻农民的劳役负担，又可避免贡物在运输中损坏和变质，也能增加国家财政收入。桑弘羊提出的均输在中国历史上影响深远，唐代的刘晏、宋代的王安石都曾使用过均输政策。

以现代眼光观之，中国古代的平准、均输和算缗、盐铁官营等政策确实具有一定程度的朴素社会主义色彩。而这种朴素社会主义色彩有着明显的早熟特征。

中国是一个在各方面都早熟的国家。因此，早熟，是理解中国社会的关键点之一。中国的封建制度、中央集权制度、文官考试制度、商品经济、社会主义意识的产生都远远走在世界其他国家前面。但由于这些制度和观念都产生在生产力极为低下的古代社会，太过早熟，因此无法在社会内部产生出典型的资本主义和社会主义。

所谓太过早熟，是指中国很早就有了土地个人所有制、全国统一的商品经济，所以中国社会也最早出现由商品经济引起的两极分化等社会弊端，而这些社会弊端又很早就催生出古代朴素的社会主义思想，这比欧洲的空想社会主义早了差不多2000年。而中国在资本主义尚未出现的时候就产生了防止社会分化的朴素社会主义思想，这在客观上阻碍了资本积累和资本主义生产关系的出现，最终也使得成熟的社会主义理论和共产主义理论无法在中国这个缺乏典型资本主义的国家自然产生。

但另一方面，早熟国家也有自身的优势。由于中国早在生产力低下的农耕时代就有了商品经济和社会主义意识，虽然这种商品经济和社会主义意识跟现代市场经济和马克思主义有根本性差距而不能同日而语，但早熟的、不成熟的商品经济和社会主义意识毕竟给现代市场经济和现代社会主义在中国的发展提供了深厚的土壤和基础，中国的历史基因跟马克思主义在中国的落地生根因而有着不解之缘。这是中国在今天能够获得发展优势的重要原因之一。

3. 中国古代的救灾制度

在世界各国历史中，中国历朝历代的救灾制度可能是最突出的。事实上，在研究中国国家制度起源过程中，很多学者认为治水的需要是催生国家起源的重要因素。德裔美国历史学家魏特夫（Karl A. Wittfogel）就是其中的代表学者，他将中国视为"治水社会"。[63]

中国第一个王朝夏的建立源于大禹治水。据《史记》记载，在原始部落联盟时代，黄河发生特大洪灾，肆虐中原，民不聊生。面临大洪灾的威胁，个体的力量，乃至小规模的集体难以应对。为此，部落联盟首领尧帝和舜帝先后任命鲧和禹领导组织治水工作，开展大规模的治理水患活动。鲧采取"水来土挡"的策略治水，花费九年却失败。鲧治水失败后，由其子禹继起主持治水大任，他创造性地采用"因势利导"的疏导方式，整治黄河泛滥区域，花费13年之久，才终于平定水患。这是中国史籍记载的历史上第一次大规模旷日持久的治水活动。依靠在治水活动中建立起来的功勋和威望，大禹顺利继承了部落联盟首领的位置。而集体抵御洪水灾难的记忆，为建立起权力更加集中、继承更加稳定的王朝政权培植了民意基础。由此，大禹之后，其子启建立夏朝，开启了从"公天下"到"家天下"的王朝历史。

可以说，在很大程度上，中国国家制度起源于治水，而古代中国也确实一直将包括治水等在内的救灾事业作为重要的政府功能。中国是一个灾难频发的国家，作为农耕社会，"靠天吃饭"，水灾、旱灾、蝗灾、瘟疫等灾难对社会影响极大。因此政府无法做无为而治的"守夜人"，必须要积极有为才能减缓灾难对社会民生的影响，进而达到巩固长久统治的目的。所以，中国很早就发展出一整套应对灾难的机制与政策，历史上称之为"荒政"。根据学界的一般看法，中国的"荒政"在西周就已初具雏形。

自宋代以降，就出现了一批总结民间与官方救荒经验的"荒政"书籍，较有名的有《救荒活民书》《康济录》《筹济篇》等。明嘉靖年间编撰的《湖广图经志书》，就对正德十一年（1516年）发生的湖广大水灾赈救的方法和程序进行了详述，内容涉及急赈、初赈、报灾、勘灾，以及鬻粥、放赈，乃至于如何防范百姓多报、官府瞒报等内容。钟化民在清代救荒书《赈豫纪略》中用18幅图画向朝廷汇报了他奉命主持河南饥荒赈济到赈济任务完成回朝复命的全过程。即恩赈遣官、宫闱发帑、首恤贫宗、加惠寒士、粥哺垂亡、金赒窘迫、医疗疾疫、钱送流民、赎还妻孥、分给牛种、解散盗贼、劝务农桑、劝课纺绩、民设义仓、官修常平、礼教维风、乡保善俗、复命天朝。救灾制度的程式化、规范化有助于地方官员更好地抗灾、救灾。

就实践而言，秦汉之后，由于郡县制的确立和中央政府的强大，救灾成为国家的统筹行动和重要功能，并形成了一整套完备的荒政治理体系，这是中国大一统体制的优势。在中国历史上大多数的时间里，只要没有战争割据，一地遭灾，邻近各地政府必须援助，这是惯例。乾隆年间，山东省遭遇水灾，邻近的河北、河南、江苏、安徽甚至关外的辽宁都大力援助。如果灾情重大，除了周边省份必须援助外，朝廷也会在全国范围内截留其他地方的漕粮以支援灾区，等灾情缓解后朝廷再对被截留粮食的主人进行赔偿。今天，人们通常把中国政府在救助灾区时采取的"对口援助"和"对口建设"理解为社会主义的优越性，其实，中国社会的这种全国统筹的社会主义救灾机制在历史上便有着相当深厚的历史渊源。

综上所述，尽管中国古代没有发展出典型的资本主义社会，也没有产生19世纪欧洲那种成熟的社会主义理论，但中国社会2000多年前就走出了以血缘为基础的贵族等级制度，平等精神成为中华民族最强大的历史基因，社会的流动性远远高于当时的世界各国。而中国社会的平等精神又决定了历代中国政府不得不高度重视社会的国计民生，不得不用政治力量来平衡经济上的贫富悬殊，并且不断尝试由政府出面来解决无节制的商品经济带来的两极分化弊端。正是由于中华民族强大的平等基因和政府调节市场以利民生的传统，所以当西方的各种思潮涌入中国后，唯有追求公平正义的科学社会主义思想能够跟中国传统文化产生强烈的共鸣与对接，能够迅速中国化。所以，今天中国的发展道路既不是苏联（苏俄）版的社会主义，也不可能是西方版的资本主义。在数千

91

年时间中形成的强大历史基因决定了中国的道路仍然是在历史与传统的轨迹中延续。所以，在今天追溯社会主义的历史渊源，不能仅仅追溯到19世纪马克思创立的科学社会主义，也不能仅仅追溯到19世纪初的空想社会主义，而必须追溯到中国古代2000多年的朴素社会主义。

（寒竹）

注　释

1 《习近平在中共中央政治局第七次集体学习时强调　在对历史的深入思考中更好走向未来　交出发展中国特色社会主义合格答卷》，载《人民日报》，2013年6月27日，1版。

2 ［德］马克思、恩格斯：《共产党宣言》，中央编译出版社，2005年，"1888年英文版序言"，第11页。

3 ［德］马克思、恩格斯：《共产党宣言》，第27页。

4 ［德］爱德华·伯恩施坦：《什么是社会主义？》，史集译，生活·读书·新知三联书店，1963年，第3页。

5 《马克思恩格斯全集》，第25卷，人民出版社，2001年，第28页。

6 《新经济政策和政治教育委员会的任务》（1921年10月），见《列宁全集》，第42卷，人民出版社，1987年，第183页。

7 《法兰克福宣言》，1951年6月30日至7月3日于社会党国际成立大会上通过。

8 《斯德哥尔摩宣言》，社会党国际于1989年召开的第18次代表大会上通过。

9 ［德］马克思：《哥达纲领批判》，中共中央马克思恩格斯列宁斯大林著作编译局编译，人民出版社，1997年。

10 《马克思恩格斯全集》，第3卷，人民出版社，1985年，第633—634页。

11 《列宁全集》，第12卷，人民出版社，1987年，第75页。

12 《列宁全集》，第17卷，人民出版社，1988年，第111页。

13 《邓小平文选》，第3卷，人民出版社，1993年，第373页。

14 《毛泽东选集》，第1卷，人民出版社，1991年，第320页。

15 《中共中央文件选集》，第11卷，中共中央党校出版社，1991年，第658页。

16 （汉）司马迁：《史记·夏本纪》，中华书局，2011年，第50页。

17 同上。

18 同上，第51页。

19 同上，第77页。

20 同上，第51页。

21 （战国）左丘明：《左传·下》，杜预集解，上海古籍出版社，2015年，第1028页。

22 李民、王健撰：《尚书译注·禹贡》，上海古籍出版社，2004年，第38页。

23 （汉）司马迁：《史记·五帝本纪》，第3—6页。

24 同上，第11页。

25 （东汉）高诱注：《吕氏春秋·为欲》，上海古籍出版社，2014年，第463页。

26 （汉）司马迁：《史记·秦始皇本纪》，第245页。

27 （明）宋濂等撰：《元史·地理志一》，中华书局，1976年，第1345页。

28 （明）李贤等撰：《大明一统志·上》，三秦出版社，1990年，第19页。

29 ［美］弗朗西斯·福山：《政治秩序的起源：从前人类时代到法国大革命》，毛俊杰译，广西师范大学出版社，2012年，第174页。

30 同上，第175—176页。

31 同上，第110页。

32 ［古希腊］欧里庇得斯：《欧里庇得斯悲剧五种》，罗念生译，上海人民出版社，2016年，第359页。

33 ［美］弗朗西斯·福山：《政治秩序的起源：从前人类时代到法国大革命》，毛俊杰译，第176页。

34 （元）陈澔注：《礼记·王制》，上海古籍出版社，2016年，第139—141页。

35 （汉）司马迁：《史记·秦始皇本纪》，第242—252页。

36 ［美］托马斯·巴菲尔德：《危险的边疆：游牧帝国与中国》，袁剑译，江苏人民出版社，2011年，第14页。

37 葛剑雄：《统一与分裂：中国历史的启示》，商务印书馆，2013年，第15—16页。

38 张文木：《世界地缘政治中的中国国家安全利益分析》，山东人民出版社，2004年，第67页。

39　[美]朱迪斯·M.本内特、C.沃伦·霍利斯特：《欧洲中世纪史》（第十版），上海社会科学院出版社，2007年，第36页。

40　[英]彼得·弗兰科潘：《丝绸之路：一部全新的世界史》，邵旭东、孙芳译，浙江大学出版社，2016年，第116页。

41　杨伯峻译注：《孟子译注》，中华书局，1960年，第114页。

42　陈戍国点校：《四书五经·上》，岳麓书社，2014年，第151页。

43　（元）陈澔注：《礼记·礼运》，第248页。

44　（东汉）何休解诂：《春秋公羊传注疏·下》，上海古籍出版社，2014年，第758页。

45　杨伯峻译注：《论语译注》，中华书局，1980年，第123页。

46　朱谦之撰：《老子校释》，中华书局，1984年，第299页。

47　杨伯峻译注：《孟子译注》，第72页。

48　（唐）房玄龄注：《管子·霸言》，上海古籍出版社，2015年，第166页。

49　（清）王先慎集解：《韩非子·八经》，上海古籍出版社，2015年，第523页。

50　（清）毕沅校注：《墨子·法仪》，上海古籍出版社，2014年，第12页。

51　同上，第13页。

52　[美]约瑟夫·列文森：《儒教中国及其现代命运》，郑大华译，2000年，第84页。

53　（汉）司马迁：《史记·夏本纪》，第75—77页。"于是九州攸同……不距朕行"也出现在我国更早的典籍《尚书·禹贡》中。

54（唐）杜佑：《通典·食货》，中华书局，1984年，第30页。

55［英］霍布斯：《利维坦》，黎思复、黎廷弼译，商务印书馆，1986年，第68—69页。

56（东汉）班固：《汉书·食货志》，中华书局，2012年，第957页。

57（东汉）班固：《汉书·武帝纪》，第91页。

58（东汉）班固：《汉书·宣帝纪》，第112页。

59 同上，第175页。

60（东汉）班固：《汉书·食货志》，第960页。

61（后晋）刘昫等：《旧唐书》，卷四十三"职官二"，中华书局，1975年，第1819—1820页。

62（汉）桓宽：《盐铁论·本议第一》，中华书局，1991年，第16页。

63［美］卡尔·A.魏特夫：《东方专制主义》，徐式谷等译，中国社会科学出版社，1989年，第36页。

第二部分

国际比较看中国特色社会主义的优势

（张维为　范勇鹏）

一、解构西方制度神话

美式民主制度的弊端

"民主"这个词在古希腊短暂兴盛之后，沉寂了2000多年，到19世纪又成为西方世界一个重要的政治概念。但是民主概念的含义在19世纪之后一直处于变动之中，最初是指政治平等，后来成为欧洲社会主义运动的价值追求，自19世纪末以来逐渐变成了一套以选举和代议制为特征的政治程序，随着中华人民共和国的建立和发展，它又被用来指"人民当家作主"。不管怎么变化，民主的魅力与合法性不断上升，各国纷纷自称民主，不少国家的宪法中明确将自己界定为民主政体。世界似乎进入了一条通向民主的不可逆的道路。

但是民主和其他任何概念一样，当它被用来指各种如此不同的事物时，它的含义一定已经发生了严重的混乱。这些混乱之中最具有迷惑性的，是"冷战"结束后美国主导的"自由民主"的意识形态话语建构。自由民主理论从未对民主进行过科学的、历史的定义，甚至刻意去回避民主的实质，却一贯傲慢地自称代表着民主的唯一形式。因而，要正确理解当代民主问题，首先要客观认识自由民主的本质。要看透自由民主，首先要充分了解自由民主的典型代表——美式民主。

美国制度不完美，但也不是一无是处。它虽然已经显得过于古老并且严重僵化，但仍不失为世界上比较成熟、有效的制度之一。问题在于，美国习惯于标榜自己是民主的样板，美国制度真的是一种民主制度吗？我们先不对民主做出严谨的定义，而是基于一个符合多数人直觉的常识标准——"体现人民意志、符合人民利益"——来展开讨论，看看美国制度是否符合民主的原则。

1. 美国革命不是民主革命

从历史上看，美国的独立革命并非完全是人民意志的结果，而是少数动产持有者和土地主所主导的一场精英运动。一般的历史读物倾向于强调美国革命的自由动机，但实际上这主要是一场关于商业自由和财产自由的革命，主要的动机是利益，而非任何宗教或良心因素。正如黄仁宇所说："宗教上的事，人性是经常可以揉转混合的。一到物质上财政上的事，抵抗强权，才会众心一致。"[1]

独立前的美国，有近300万人口。在当时英国主导的自由贸易体系中，北美殖民地虽然受到各种各样的约束，总体上还是获得了更大的利益。英法七年战争后，英国一方面对北美贸易施加了一些限制措施；一方面为避免与法国的进一步冲突，限制殖民地居民继续向西部扩张，这引起了从贸易和地产获益的有钱人的不满。在反英的事情上，除了少数的"独立派"和少数的"效忠派"，剩下的是占人口绝大多数的"沉默派"。即使是独立派，多数人开始时只反英国议会，不反英国国王，不愿在"一切事务"（whatsoever）上都受议会的管制，希望获得更好的贸易和税收条件（后来美国的议会叫congress而不是英式的parliament，一定程度上就与美国人对英国议会的憎恨有关）。后来在托马斯·潘恩（Thomas Paine）的《常识》（*Common Sense*）一书煽动下，独立派才逐渐产生了完全独立的意志。有历史学家认为，大陆军从未超过2万人。也就是说，只有约0.6%的人在为革命而战斗。相比起中国近代的革命，上千万的人为国家的命运而抗争，最终决定国家方向，美国的革命，似乎代表不了多数的人民。

2. 美国宪法不是民主的宪法

在费城的制宪会议上，55个人关门草拟、39个人签署的宪法文本，最终由各州不到2000人批准而生效。这样一部精英主义的宪法，却以"我们人民……"（We the people）开头，难怪在当时就有不少州代表质疑宪法无法代表美国人民，甚至认为"我们人民"这个词就侵犯了各州的权利。制宪过程中，建国之父们确实谈到过民主问题，表现出的却是恐惧。他们明确表示，要反对"多数的暴政"，也就是说，绝不允许人民利用民主来分享他们的财产。美国历史学家查尔斯·比尔德（Charles A. Beard）在《美国宪法的经济观》（*An Economic Interpretation of the Constitution of the United States*）一书中通过研究制宪会议成员的财产和立场，发现费城会议的代表中，大多数的人是律师，一大半是来自沿海的城市动产持有者，没有一个人是小农或工人的代表。其中有不下于40人是公债利益集团的代表，他们强烈希望联邦政府能够偿还公债，因而支持建立强有力的联邦政府。比尔德的结论是，美国宪法是一小群有产者为自身利益而推动创造的。即使批评比尔德的学者，大多也不得不承认，宪法不是产生于民主的理念，而是利益集团妥协的产物。

3. 宪政制度设计有意隔离人民的意志

随着后来不断增加的新修正案，宪法的代表性有所扩大，但从未褪去少数精英意志的色彩。这一点从宪法修正的程序上就有体现。根据开国元勋们的设计，就是要让这架宪法机器极其难以修改，这样才能保守"宪法的原义"（虽然已经有不少宪法学者论证，其实不存在什么宪法的原义，比如美国宪法史学者杰克·拉可夫［Jack N. Rakove］教授）。宪法第五条规定了两种宪法修正程序：一种是由各州召开制宪大会直接修改宪法，一种是通过国会绝对多数来修宪。无论采取哪种方式，宪法修正案都是十分难以通过的。迄今多数修正案都是通过第二种方式通过的。这两道关卡，足以保证修正案内容在精英的控制之下，不可能真正代表多数人民的意志。所以，近几年，不少美国人在搞一场制宪大会运动（Constitutional Convention，简称"Concon运动"），因为他们认为精英体制已经陷入僵局，呼吁各州援引宪法第五条，通过第一种方式来修宪。然而，这种运动本身也是精英主导的，比如其后就有金融大鳄索罗斯（George Soros）的身影和金钱。其实，宪法起草人和《联邦党人文集》（*The Federalist Papers*）的作者之一麦迪逊（James Madison）说得很清楚，美国制度就是要"完全排除集体身份的人民，丝毫不让他们染指"。[2]

4. 通过制约和平衡保证精英掌权

不少人谈论美国制度，最津津乐道的就是其有限政府、三权分立、相互制衡的原则，认为这是民主的体现。其实恰恰相反，这种设计就是为了反对民主。马克思在《共产党宣言》里有句名言，"现代的国家政权不过是管理整个资产阶级的共同事务的委员会罢了"，[3]这句话拿来评价美国最恰当不过了。资产阶级只需要政府为其服务，不可能让政府反过来凌驾于其阶级整体意志之上，因而它要求政府的权力受到严格的限制。这就是美国文化中根深蒂固的"小政府""有限政府"和"把权力装进笼子"等观念的真正根源。所以美国制度通过诸多设计，刻意约束政府的权力：首先，联邦政府的权力受到诸多限制，宪法中对政府各分支的授权采取的是"列举权力"的方式，即政府只能行使明确列出的权力，其他权力仍由各州人民保留（实际上就是由资产阶级保留）；其次，采取联邦制保证了州对联邦权力的制约；再次，三权分立保证了政府权力的分散；又次，国会两院制避免了人民意志冲破代议制机器；最后，建构起宪政原则，使一张"羊皮纸"（宪法）成了政府行为最终的制动器（而宪法的解释权却操纵在完全不受民主监督的联邦最高法院大法官手中。这一传统在美国常常被诟病为违反民主原则，中国法学界不少人却充耳不闻，仍极力主张宪政审查制度）。这些设计都是为了防止人民通过选举、代议等制度渠道在一定情况下对政府产生较大影响，都是为了避免精英利益被大众民主冲破而安装的安全阀。

5. 美国选举制度的不民主

随着历史的前进，美国制度的民主性总体上确实有所上升，比如在1828年就职的杰克逊总统，就是利用了大众的力量走入白宫，因而对民主有所促进。值得一提的是，法国人托克维尔的《论美国的民主》影响巨大，其实反映的就是那个"民主化"时期的美国。再如20世纪上半叶，由于进步主义运动和民权运动的推进，人民的权益也有所扩大。民主上升的一个重要指标是普选权的扩大。最初，美国宪法并不声称自己代表全国人民，在制宪时，就只代表白人男性，妇女没有选举权，黑人不计入选民（只在人口统计中算3/5个人，这就是著名的"3/5原则"），印第安人干脆连人口统计都不算。女性在1920年才得到选举权，黑人则要等到1965年才基本获得了平等的选举权。1913年之前，人民只能选举众议院成员，对参议院没有发言权。当然，这些都成为过去，但是今天有了选举权，美国的制度就是民主的吗？

我们以总统选举为例：总统是通过一种奇怪的"选举人团"制度选出来的，即每个州都有一定数量的选举人，由他们代表各州选民直接投票选择总统。全国共538张选举人票，获得270张就可以当选。这个制度的设计就是为了过滤掉大众的"幼稚而杂乱"的意志，因为在精英眼中，大众没办法知道什么是自己的真正利益。虽然今天选举人一般都会按照选民意见投票，但是在法理上，美国人至今仍没有直接选择自己总统的权利。事实上，选举人票也未必总是能反映民众投票的结果，获得多数民众票却没当上总统的情况，历史上已经出现了三次（1876年的蒂尔登［Tilden］v.海斯［Hayes］，1888年的克利夫兰［Cleveland］v.哈里森［Harrison］，2000年的戈尔［Gore］v.布什［Bush］），特朗普胜选可能又是一例。这种情况每次都是一次或大或小的宪政危机，虽然这几次都成功过关，可是特朗普当选后的社会骚乱已经反映出代表性不足的困境，谁也不知道下一次会是什么结果。美国宪法学家布鲁斯·阿克曼（Bruce Ackerman）说："对于制宪者来说，选举团将制约着煽动政治领导权的兴起；而对于我们来说，它是一个定时炸弹，当这枚炸弹在一次势均力敌的总统选举后爆炸时，煽动政客就可以尽情展示他们的才华。"[4]特朗普是不是有点像他说的"煽动政客"呢？1992年大选中，独立候选人佩罗（Ross Perot）民意甚高，支持率曾领先于老布什和克林顿，刮起一场"佩罗旋风"。但在投票日，佩罗却一张选举人票都没得到，这也是选举人制度过滤选民真实意志的一个典型例子。

多数人都认为这个蒸汽机时代的制度已经过时了，可是因为触及精英的利益，还真就改不了它。1989年，一项废除该制度的法案以338比70在众议院通过，但被参议院否决。据统计，到21世纪初，至少已经有700多个类似议案在国会折戟沉沙。这就是今天美国政治面临的"不可改革性"，明明人们都认为对的事，却不可能通过这架复杂的政治机器。

人民意志的过滤器不光是选举团，还有具体的投票制度。美国选举采取的是"简单多数，赢家通吃"，在一个选区里，谁得了民众票的多数，就包揽了该区所有的选举人票。从微观层面上，这似乎符合"多数决定"的民主原则，但是放在全国政治的宏观层面上，这会导致相当比例的民众的权利完全被忽视掉。假如有一个选区，共和党有49%的票数，民主党有51%，最后结果却是民主党获得所有，而共和党一无所得。事实上，人口最多的加利福尼亚州就是这种情况。在这种制度下，很多选民的意志完全没有得到反映，自然不会有热情去投票。于是，越来越多的人干脆不去投票，投票率长期低迷，形成了民主麻木症。欧洲选举制度中采取的"比例代表制"原则，在民主性上显然比美国先进。

此外，更可怕的是，即使是多数派，也有可能一无所得，因为政客可以通过一些作弊手段来操纵选举，其中最有名的就是"选区重划"（Gerrymandering）。"Gerrymander"是沙漠里的一种蜥蜴，爬行起来弯弯曲曲，这个词被用来描述那些被政客出于私利而划出的奇怪选区。通过这种统计游戏，少数派可能成为赢家，多数派却会一无所得。图1中，圆形脸显然是绝对多数，但是三种选区画法就会导致三种不同结果。

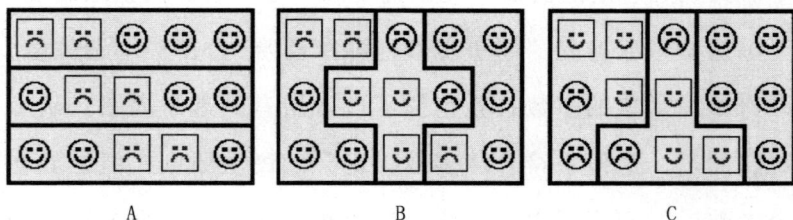

图1 不同划分导致不同结果

6. 两党制度也与民主无关

美国的"党"和中国的"党"意思完全不同。美国的党就是"派"的意思，就是一部分人的代表，而不是全体人民的代表。华盛顿第二任期时，美国国会中产生了党派斗争，令华盛顿深恶痛绝，但是阶级国家统治的实质决定了美国无法避免党争。美国的党也不同于欧洲的党。欧洲的政党是有党纲、党纪、党组织的阶级党和意识形态党，所以一些政党可以代表下层人民的利益。德国学者桑巴特（Werner Sombart）早就发现，美国的两党不是意识形态党，而是竞选工具，所谓党员只是在投票当天充当一次投票机器；所谓党的候选人，只是统治阶级的另一个代表，通过某一个党来进行竞选而已。比如特朗普，他在历史上多次变党，从来也不是正经的共和党人，竞选后期被共和党大佬们围攻，可是他脱离了共和党的限制，反而更游刃有余。这样的党，怎么可能代表人民的利益？

如果一个人不满于美国的两党制，想通过第三党或独立候选人来表达自己的声音，那么美国的制度会使他面对各种坎坷。美国确实产生过不少小党，但都不可能产生大的影响，究其原因，美国简单多数、赢家通吃的选举制度决定了小党无法获得成功（法国社会学家迪韦尔热［Duverger］持此观点），美国政党的竞选工具特征也决定了小党很难分散大党的选票，于是有强烈的冲动去加入大党而获益（德国社会学家桑巴特持此观点）。

7. 选举实践中随处可见不民主的弊端

如果选民勉强愿意两害相权取其轻，选个不那么差的候选人，那也不是所有选民都能发出自己的声音。美国的选举要求提前进行选民登记，然而多数草根百姓并不是十分关心政治，很多人没有时间或兴趣，甚至仅仅是忘记了日子而失去了选民资格。当然，美国在制度上逐渐增加了一些措施来帮助人们参选，比如可以邮寄选票、提前投票等，但并未在根本上解决问题。同时，有很多原本不想投票的人，比如流浪汉，被政客拉来充数。此外还有各种各样的登记猫腻，比如使用贿赂手段、多次重复登记等不一而足。比如在2000年戈尔对小布什的竞选中，佛罗里达州就曝出共和党用大客车拉着流浪汉去投票；在计票过程中，利用选票设计的缺陷而作弊等丑闻。2016年大选中，甚至有选民发现自己已经去世的亲人竟然投了票，或是不用身份证明也可以投票。共和党阵营还发现民主党阵营雇佣流氓无赖去扰乱特朗普的拉票演讲现场，故意挑起暴力冲突。

大选日期——每年11月的第二个星期二——也是充满争

议。这一天不是公共假期，对多数工薪人士而言，工作时间去投票并不方便；对于每天为生计奔波、拿着每小时十几美元薪水的底层劳动者，为了赶到投票点而早起或晚归也是个不小的代价。几十年来，无数人呼吁甚至提出法案要将大选日设为假日以提高投票率。但是显然精英阶层不愿意看到这样一幕，所以直到今天，不少工人依然面临着"工作还是投票"的困境。

8. 选举就是金钱游戏

美国的选举本质上就是资本俘获政府的一种机制，企业或利益集团利用金钱支持候选人和政党，以期能够在政府中获得代理人，利用政府政策实现自己的利益。不少公司还会两面下注，不管谁上台，都不会让自己利益受损。这都是企业和利益集团毫不避讳，可以公开讲的。在民权和民主运动的压力下，美国在20世纪70年代推出的《联邦选举法》对政治捐款上限做了规定。国内一些学者，常常用这个法案来证明美国选举不是金钱政治，可惜，这个法案并未杜绝金钱的影响，企业和利益集团可以通过政治行动委员会（PAC）等形式钻法律的空子，照样左右选举。而且现在就连这条限制也已经被取消了。最高法院在2010年和2014年的两起司法诉讼的判决结果中取消了捐款上限（有趣的是，判决的理由是"言论自由"，直白地暴露出所谓言论自由，本质上就是有钱人影响政治的自由）。这意味着，金钱在美国选举政治中又可以近乎无限制地自由发言了。

　　金钱游戏还表现在腐败问题上。美国学术界的定义，大多强调腐败的违法性特征。只要不违反明确的法律禁令，就不算腐败。依这种定义，美国在各种腐败排名中的成绩还不算太差。原因就是，美国大多数的钱权交易行为都是合法的。而这种合法的腐败是美国式选举政治的必然产物。如果用我们常识观念中的腐败标准——用公共权力谋求私利，那么可以说美国的所有官员和议员都是腐败者或帮凶，即使他们本人并不是贪官污吏。

　　腐败不仅仅出现在总统选举过程之中。著名作家马克·吐温曾说："跟国会相比，没人称得上是真正的犯罪集团。"国会最主要的腐败与行政官员一样，就是竞选和游说带来的钱权交易。其中最为人们所熟知的就是所谓的"猪肉桶法案"：当某议员提出一项提案时，有可能被别的议员投反对票，为了"保过"，议员们之间会达成默契，大家放他一马，但是法案后面要附上一些对别的议员所代表的行业、地区甚至企业有利的附件。而这些附件不需要经过国会的专门审议，这实际是在瞒天过海地回避民主的监督。然而，这完全是合法的。这带来了很多奇特的现象，比如为了某一项事业的拨款，最后却用在了许多不相关的方面；或者某个重大的科研或军工项目，被分散到全国各地，以便照顾到不同选区的利益，这牺牲的是效率和国家的财政资源。

　　另外还有"院外游说"，也就是各种利益集团通过权力掮客在国会进行游说，以实现私利。其实游说的对象不仅仅是国会，行政机关以及其他各种公共机关都是游说公关的热门对象。说客们一般不会采取直接塞钱的做法，而是通过各种"软贿赂"，比如演讲（克林顿夫妻就一直面临着以演讲赚钱的指责，希拉里至今还拒绝公布其在华尔街的演讲费用）、出书、旅行访问、资助项目、街区投资等。这些说客手眼通天，在某种程度上，真正操纵政策的往往是他们，而不是官员或议员。华盛顿有条 K 街，聚集着大量的智库和游说公司。据报道，华盛顿注册的说客就有一万多人，实际上从事这一行的有十数万众，行业产值高达近百亿美元。这个藏污纳垢的产业不断被曝出惊天丑闻。

9. "民主"选举后的精英分赃

总统被选出之后，在组阁的过程中也存在着腐败，严重违背民主的原则。19世纪初的政党选举中，有一种重要的腐败现象，叫"政治分赃"。1828年当选总统的杰克逊是在大选中利用了平民的力量，打败了过去的精英群体。为了给忠心耿耿的部下战友以回报，他撤掉了大批官员，让自己的亲信充任，这开启了民选官员进行政治分赃的惯例。此后，每次大选，都是那些政治野心家和权力钻营者的狂欢节，当选的党派就像获得了战利品的海盗一样在自己人中间大肆赏赐。美国历史上每一个总统都有这方面的例子。

这种腐败现象过于严重，恶化了美国的政府风气，威胁到统治阶级的整体利益。1883年，美国国会通过了《彭德尔顿法》（Pendleton Civil Service Reform Act），模仿英国搞了文官制度，建立了一些客观选拔公务员的标准，并且确定了不能无故撤换公务员的规矩。这才多少缓和了分赃制。

但是根子问题没解决：美国的选举制度要花钱，政客拿了资本家的钱来竞选，必须要给以回报，不然这套选举游戏就继续不下去了。所以直到今天，美国大概仍有十分之一以上的职位不属于文官系统。美国是分政务官和事务官的，内阁各部的部长等真正掌握实权的大官，都是政务官而非事务官，也就不受文官制度条条框框的约束。不像中国官员升迁要考察"德、能、勤、绩、廉"等，美国总统任命内阁部长有相当的自由度，程序也相当简单，有的只需要国会参议院的批准。再比如海外官员，特别是驻外大使，已经成了权钱交易的重灾区，一些被总统任命的大使毫无外交经验，甚至对派驻国一无所知。2000年小布什上台后，有三分之一的新职位都被任命给支持他的"金主们"；大选期间专门负责为小布什募款的一个俱乐部有43名成员获得了包括驻外大使在内的要职。此外，还有总统的幕僚、白宫官员、最高法院法官、各种委员会职务以及其他临时职务的任命，都不需要人民的选票，也没有任何客观标准，顶多就需要一些走过场的程序性认可。特朗普在大选期间虽然标榜代表中产阶级中下层利益，谴责华尔街、批评金钱政治、声称上台后要反腐败，但他胜选后组建继任团队时，任用的多是亿万级富豪，这足以说明这场表面上的民粹大选依然不过是一场金钱的盛宴。

10. 美国选举是一人一票吗？

最后，国会选举的代表权问题也是一个弊端。说起民主，人们第一反应就是一人一票。一人没有一票肯定是不够民主，可是一人多于一票，是不是同样有问题呢？美国的众议院席位是按人口比例分配的，参议院却是每州两票，这导致了参议院投票权的极大不平等。人口少的州占了便宜，人口大州就吃了大亏。美国民主理论学者罗伯特·达尔（Robert Alan Dahl）举了几个例子：如果一个人从加州迁至阿拉斯加，投票权变为原来的54倍；如果迁到怀俄明，则变成了70倍。也就是说，同样的人，在不同州居住，在国会的代表权可能相差几十倍。其不平等程度仅次于巴西、俄罗斯和阿根廷。为何会出现这种情况呢？达尔的结论是：所有联邦制国家建立国会两院制度，最主要的原因，或许唯一的原因，就是有意保持不平等的代表权。[5]

综上所述，美国的整个制度，而不仅仅是大选，在代表民意上有极大的局限性。假设今年有一半的人出来投票（事实上从来没有这么高），在每个选区都只有51%的选民意见得以反映出来，在全国选举人票中胜者得了270票，刚刚超过一半，那么所选出的总统只代表了25%的选民。事实上，近年来美国总统的代表性也就是在20%以上一些的水平徘徊。用著名政治评论网站"全球主义者"（The Globalist）总裁斯蒂芬·瑞科特（Stephan Richter）的话说："这是伪装成民主的封建政权。"

今天我们看待美国民主，一方面要承认它在历史上的进步意义，要看到它客观上存在的优点；另一方面也要明白，这个制度在原则上不是民主的，即使嵌入了一些民主的因素，也改变不了其本质。究其原因，首先当然是资本主义国家的基本性质决定的。但同时，观念上的误区也阻碍了美国人追求真正民主的努力。"自由民主"的实质是民主外衣下的自由、平等外表下的精英制、公共性国家表象下的阶级私有国家。只有打破自由民主的话语假象，不把民主仅仅当成是一种以"竞争性选举"为基础的政治程序，而是从贯彻人民意志、体现人民利益的角度来理解，我们才能认清民主的实质，努力让我们的国家在真正的民主道路上不断前进。

（范勇鹏）

美国制度弹性不足

关于自由民主制度，有一种流行见解：该制度弹性十足，不管谁上台，都不影响其正常运转。过去几十年间，这种观点貌似可以解释西方国家发达的原因，但是近年来的现实发展产生出越来越多的反例。当前，眼见美欧国家因为选不出好的领导人或选出不好的领导人而陷入重重危机，一些人仍然固执地坚持这种见解。这种见解之所以广泛流行，其实是受到西方思维中的一个常见谬误的误导，这个谬误就是：倒果为因。

从希腊古典哲学、近代启蒙主义到第二次世界大战后的社会科学，有一种共同的思想倾向，即以制度作为自变量（原因）来解释国家发展等政治现象。固然，政治制度对一个国家有着重要的作用，但是在更深的层次上，制度是一个政治共同体发展的结果，是政治力量达到均衡状态的一种结构性表现。简言之，制度主要是一种结果，而非一种原因。相对于制度而言，政治共同体的构造和维系是更为根本和前置的因素，自由民主推崇者的问题就在于忽视了政治共同体。眼下的西方危机，恰恰可以看作是政治共同体因素对制度决定论的反击。

一旦克服了这种谬误，我们就不得不承认，自由民主制度虽然一度"看起来很美"，但它是一朵温室中的花朵，它的存在和运行需要十分严格的条件和昂贵的代价。而它的功用，只能是给一个安全无忧、存在共识、大致平等和总体富裕的社会锦上添花。它很难帮助一个国家解决重大的危机和挑战。美国的历史就是最好的例证。

首先，美国政治制度产生于极特殊的环境。

美国建国之后的一个半世纪中，美国人享受着人类历史上罕见的优越环境。独特的地理环境使美国人几乎不用担心安全威胁，不需要负担巨大的国防开支。约瑟夫·奈（Joseph Nye）发现直到19世纪70年代，美国海军规模比智利还要小。历史学家布尔斯廷（Daniel J. Boorstin）曾说："如果说欧洲的政治主要是历史的副产品，那么美国的政治就主要是地理的副产品。"[6]美国丰富的资源也塑造了（至少在白人有产者中）经济高度平等的社会。中国和西亚各文明在3000多年前就开始遇到人均土地不足和地力枯竭的压力，然而美国人口调查局直到1890年才宣布公地分配完毕，也就是说，美国人至此才第一次面临几乎困扰了其他所有国家的致命诅咒——资源的稀缺性。自殖民地时期到20世纪晚期，美国始终是劳动力不足而非资源不足，劳动力价格一直比较高，美国的民主增长、人权进步、阶级妥协和社会共识都是基于这一条件。美国全球霸权的建立也带来了巨额战略红利，最直观的例子就是自20世纪70年代之后长期通胀、实际工资收入增长停滞，这本应带来严重的社会动乱，但外国廉价商品的持续涌入维持了近40年的低物价。综上，美国制度的产生是基于一系列"不可能"，故而才会有"托克维尔之疑"："我不相信英裔美国人带着他们现在的思想、宗教和民情迁回到欧洲，在不大大改变他们的法制的条件下能够生存下去。"[7]

其次，美国制度依赖于严苛的条件，却无力制造它们。

至少在安全、共识、平等三个要素同时具备的严格条件下，自由民主制度才能有效运转。美国历史上，当这些条件中的任何一个出了问题，自由民主制度都会陷入失能状态。19世纪前60年中，美国政治中最大的分歧是关税和奴隶制问题，危机在半个多世纪的时间里不断酝酿升级，政治制度却完全无助于分歧的弥合，最后只能靠内战来解决。19世纪末到20世纪初的经济危机和阶级斗争，在制度框架内也根本无解，最后要靠战争、移民和全球霸权来转移。对于流行甚广的"美国制度弹性论"，实际上找不到任何严肃的历史证据，美国几乎所有的重大危机都是以超制度、超宪法的方式解决的。

那么，美国的制度能够制造出它所需要的条件吗？在观念的层次上，制度的确可以通过"文化领导权"起一些作用，比如人们经常谈论的美国政治、文化精英如何制造共识等。但是在大多数情况下，自由民主制度并无法制造它所需要的条件。先说安全。美国诞生于罕见的安全环境，但是随着它在20世纪介入全球事务，其外部安全环境不断恶化；自由主义的盛行，比如最高法院近年来在个人持枪权上的判决，也导致国内安全每况愈下，美国制度越来越无法保障宪法所承诺的"国内和平"。再说共识。第二次世界大战前，美国人主要的共识就是发财，就是"美国梦"；第二次世界大战后，美国人主要的共识就是反共反苏。"冷战"结束后，共同发财的路断了，共同的意识形态敌人消失了，美国社会迅速陷入了20世纪90年代的"文化战争"。今天美国发生的几乎所有冲突，都可以在20世纪90年代找到先驱和萌芽，自由民主制度（或多元主义制度）起到的唯一作用就是加剧了这些冲突，在近30年的时间里放任私利横行、党派争斗和身份冲突，失去了建构共同体认同的良机。最后看平等。美国的社会平等（暂不讨论种族问题）和制度几乎没有关系，而是先天资源禀赋、世界大战和高速增长的产物。自20世纪80年代新自由主义盛行以来，美国在不平等的路上渐行渐远，而那套号称"有弹性"的制度唯一的作用就是助纣为虐，而非挽狂澜于既倒。

　　所以现实与流行的见解相反，美国制度的命运可能不再是"谁上台都行",而是向着"谁上台都不行"甚至"根本选不出人上台"的方向发展。美国国会有人发起对特朗普精神健康状态进行诊断的提案,试图启动宪法第二十五条修正案来剥夺其总统职位。实际上不管特朗普是不是有病,自由民主制度一定是病了。自由民主在一定的条件下的确可以有良好的表现,但是在根本上,它不是一个能解决问题、建构共识和培育政治共同体的制度;它是一个基于个人和集团私利的制度,只可同甘,难以共苦。泰国、韩国及非洲、拉丁美洲的一些国家的命运可为美国的前车之鉴。当然,作为超级大国,美国尚未穷尽应对挑战的手段,比如霸权或战争,但如果这样做了,无非给自由民主制度的作业本上又添了一次"不及格"。

(范勇鹏)

西方的危机

近年来,西方主导的全球化面临失败,美欧国家普遍出现政治危机,自由主义和多元主义的意识形态在西方内部开始遭到批判和抛弃。西方当前的问题是周期性的振荡、演进中的挫折还是根本性的失败？是政治制度的衰朽还是国家建构乃至文明模式的失败？似乎难以给出确定的答案。我四年前撰文思考这个问题时，还只是谨慎地将讨论局限在政治制度本身，未敢做出大胆的断言。[8]但随着西方危机的发展和扩散，以及人们反思的深入，现在似乎可以做一较为宏观的评估：当前西方危机首先表现为根本性的制度危机，但它折射出了西方国家建构模式、西方文化观念和西方主导的世界体系的全面失败风险。

1. 西方制度的"世袭性"危机

西方制度的根本问题就是不平等的上升和社会流动的停滞。

政治归根到底是要解决权力和利益的分配问题。基于人性、权力和利益的分配问题，也就是政治问题，除了使用或威胁使用暴力之外是无解的。无论多么美好的政治，其起源都有着"第一桶血"。人类迄今为止所有的政治制度的本质都是将暴力竞争转化为某种不需要暴力的竞争。在前现代社会，大多数文明都通过血缘继承原则来维护这第一桶血所建立的暂时性分配方案，这大体上与各种贵族宗法制度相匹配，秦以前的中国和近代以前的欧洲都是这种情况。但贵族制度最大的问题是人的血统的不平等以及贵族世系间的永恒战争。如何走出地方性血统政治就成了人类早期文明的普遍追求。

中国较早走出血缘政治，是基于先秦诸子百家所塑造的平等观念、[9]春秋战国时期产生的郡县制、秦代开创的统一格局、汉代建构的大一统观念，中国不可逆转地走出了贵族政治时代。这条道路的制度保障就是从举荐到科举逐渐成熟起来的一套选择统治者的方法。通过科举取士这种客观性选拔统治集团成员的方式，本质上就是把需要以流血来争夺的权力资源，转化为不需要以流血来争夺的知识资源。不管这套制度在后期如何的衰败腐朽，从制度智慧来看，它是前现代人类政治制度的最高峰，保障了中华文明基本的平等性。新中国就是在继承传统的基础上，通过人民和人民的先锋队直接掌权，让人民掌握知识和对人民进行教育等手段，建立了本质上更平等的人民制度。

在走出血统政治方面，其他文明也有不同的尝试，比如中世纪欧洲天主教会和阿拉伯世界的诸帝国都在某种程度上尝试了超越贵族政治、具有一定公共性的制度，部分克服了封建制度的弊端。但是它们均未能建立起完全替代血缘贵族的稳定制度模式，欧洲尤其如此，直到近代初期，仍处在王朝和贵族战争的泥潭中难以自拔。[10]

西方文明基本走出血缘政治，最终靠的是资本主义。"货币是天生的平等派"，解决了千年中世纪未能解决的血统不平等问题，用"财产的不平等代替了基于出身不同的不平等"。这是巨大的历史进步，奠定了西方现代国家崛起的基础。其制度保障就是把需要以流血来争夺的权力资源，转化为不需要以流血来争夺的财富资源。具体的制度形式始于意大利诸共和国，其特征是商业与金融财富集团掌握政权，以代议制机构进行决策，委托行政首脑进行直接管理。[11]这套制度经过荷兰的发展，到英国光荣革命形成了符合资本主义生产方式的理想制度，再经过美国的发展和推广，形成了今天西方制度的底色。

与古代中国靠知识来替代权力资源相比，近代西方用财富来替代权力资源的制度有利有弊。利的方面是西方制度有利于增长、创新、活力和科技发展。西方国家打败传统中国，主要就是由于这些因素。再看弊的方面。首先，知识的分配与传播，边际成本较小；与之相比，财富的分配更接近一种零和博弈，容易导致冲突性的政治文化。因而，以知识为权力资源更容易产生权力的扩散和平等的上升，而以财富为权力的资源更容易产生垄断。其次，知识的继承性弱，财富则更易于继承。这就决定了知识的博弈对于每一代人都可以从头开始，而财富的博弈则具有世袭性。再次，知识的获得对健康、智力和人格等有基本的要求，更有利于保障统治者的基本治国能力。财富的获得则有可能完全是由于机会和运气，无法保障基于财富选择的统治者符合基本的要求。这也是西方制度一定要采取代议制和责任政府（或独立的行政机关）的原因之一。这些利弊决定了西方制度必然会产生自由急剧扩大、平等严重受限的局面，也就是说，西方现代制度并没有能够完全打破世袭政治，只是有限地突破了封建制，身上仍然烙着中世纪的纹章。

西方制度对人的平等性的提升决定了其在走出中世纪之后能否得到一次大的发展，但上述弊端意味着它给人的平等只提供了非常狭窄的进步空间，历史的发展很快就会撑破西方制度所能承受的上限，19世纪社会主义运动就是对这一上限的挑战。随着平等诉求越发强烈，资本主义制度过渡到社会主义具有历史的必然性，马克思主义已经有充分论述，无须赘言。但是资本主义主动或被动地用自己的独特方式阻碍了这一过程的发生。首先，用殖民主义获取额外利润和转嫁危机，一定程度上缓解了内部矛盾；其次，用民族主义动员社会，通过战争转移了国内冲突；最后，用帝国主义实现资本的全球流动，使资本不再完全受制于国内社会。这些方式都不可能根本解决问题，并且最终导致了世界大战的爆发。但是，世界大战的一个意外后果是摧毁了资本存量和长期积累的经济不平等，而战后恢复期的高速增长又降低了不平等加剧的速度。[12]于是产生了长达半个多世纪的繁荣、平等和进步的假象。

但是，只要资本主义的逻辑还存在，西方制度就一定会不断复制上述毁灭过程。自苏联解体之后，失去了外部竞争者的西方制度就回到了这个逻辑过程，资本恢复专横、社会急剧分化、贫富差距扩大、权力分配固化，最终使一度生机勃勃的资本主义制度回归到准封建式的世袭制度。因而，今天西方的制度问题绝不是细枝末节的具体困难，而是一个历史性宿命。一些敏锐的思想家观察到了这一问题，比如，法国经济学家皮凯蒂（Thomas Piketty）就尖锐地指出了西方资本主义制度的"世袭制"（patrimonial）特征；[13]福山虽然不愿意承认，但也不得不讨论美国制度的"再世袭化"（repatrimonialization）

风险；[14]杨光斌则直接称美国制度为"封建制"。[15]

西方危机，却不仅仅是西方的，中国虽然有2000年官僚政治传统和70年社会主义传统，但是市场经济的发展和资本力量的上升，必然会带来同样的问题。如果没有中国共产党这样一支代表人民性、公共性的力量，或是这支力量没有能够坚持自己的价值理想，那么中国有可能陷入和西方一样的危机。中国模式能否走出不同于西方模式的成功道路，关键就在这里。

2. 共识危机

自2016年的美国大选以来，法国、英国的选举政治一次次暴露出西方国家内部的政治分裂。民意的分裂使得以大众选举为基础的自由民主制度的代表性和合法性受到根本性质疑：如果被选出的官员和议员无法代表大多数人民的意志，那么他们统治国家的权力又有多少合法性呢？

这种现象还反映出西方国家当前面临的一个重大问题：民意与民心的矛盾。民心是指人民整体的根本利益和意愿，这应该是有共识的，谁不希望自己的国家更加安全、繁荣、公平呢？民意则是指人民的即时意愿，即便对于长期目标存在共识，人民中的不同部分在实现手段和具体问题上也会发生重大分歧。中国政治制度的特点就是能够更好地服务于民心和人民的根本利益，西方自由民主制度的特点是满足眼下的民意。结果就是，中国虽然也难免存在民意冲突，但国家和社会的大船能够稳定地向着目标航行；西方的选举则必然会一次次地撕裂社会，最后使国家陷入失能。

有人会说，不对啊，过去几十年，西方自由民主制度的社会基础之一就是广泛的社会共识啊！

没错。但这里需要讲清楚两个问题：其一，作为一种制度，自由民主对共识有着较高的要求；其二，自由民主的运行必然会不断削弱这种共识。于是产生了一种矛盾的怪圈，只有不断制造共识才能支撑自由民主，自由民主本身却在不断摧毁共识，这又对制造共识提出了进一步的要求，最后自由民主变得只有靠极强的意识形态控制才能维系。西方国家过去一百多年的历史就是在这个怪圈中折腾。

首先，西方国家如何制造共识？"制造共识"这个词因美国学者赫尔曼（Edward S. Herman）和乔姆斯基（Noam Chomsky）的同名著作为世人所熟知，二位学者用这个概念来指美国政府和精英集团利用媒体进行宣传的行为。但实际上，制造共识的历史过程要宽泛得多。

第二次世界大战后西方国家以共识政治进行自我标榜，但是不愿意谈及共识形成的真正历史。其实放在稍长的历史时段中看，共识是例外而非常态。拿欧洲来说，近代民族国家形成以来，始终充斥着宗教、民族和阶级的斗争，最后大多是以流放、移民和肉体消灭等手段暂时得以解决，政治上的右翼（包括纳粹）和左翼（包括共产党）都是在20世纪上半叶的一系列"战场与革命"中被消灭的。战后的共识政治榜样瑞典社会民主党，其实在第二次世界大战前曾经凶残地迫害共产党人。所以所谓共识，是以异己被驱逐和消灭为前提的。再说美国，在独立革命前就存在严重分裂，自立国起就陷入了剧烈的党争和阶级、种族斗争。最后所有的矛盾在两次世界大战的炉火中得以燃烧耗散，以几千万生命的代价铸就了战后短暂的共识时期。

除了内部的斗争之外，还有两个因素支撑了西方的共识政治：一是经济平等，二是"冷战"。首先，所谓经济平等，主要源于两个原因：一是西方殖民历史积累的巨额财富和在全球价值链上的"猎食者"地位，使其可以用剩余财富来赎买内部矛盾；二是世界大战摧毁了资本存量，造成了客观上的平等状态，皮凯蒂的《21世纪资本论》(*Capital in the Twenty-First Century*) 发现了这一点。其次，西方国家通过与苏联的竞争，肃清了内部的反对声和批判力量，在西方内部维持了近半个世纪的"冷战共识"。

基于这种制造出来的共识，自由民主才得以生存和运转。作为一种反证，我们可以看看西方所谓民主推广的成果，由于缺乏上述政治共识的条件，采用了自由民主的非西方国家，大都陷于内部纷争和发展困境之中。

其次，自由民主如何摧毁共识？如前所述，自由民主对意识形态有着高度的依赖，必须持续推行自由主义和多元主义的话语霸权。客观地讲，多元主义的兴起在一定程度上是西方人民追求进步、公平和社会主义的结果，但是在自由民主制度下，它必然会转化成自由主义价值观的一个部件，服务于资本精英集团统治国家的需要。其结果就是个人的价值和自由被抽象地夸大，权利意识成为一种无人敢触碰的宗教，以至于社会逐渐发生"逆共同化"倒退，纵向的"认同政治"不断撕裂社会肌体，横向的"阶级政治"则长期被刻意压制。当社会不公严重到阶级政治无法继续掩盖时（美国在2011年的"占领华尔街"运动就是最初的信号），认同政治和阶级政治的交汇就会瞬间导致社会的原子化爆发。而自由民主制度和多元主义国家的设计恰恰为这些混乱信号和矛盾诉求输入国家政治系统之中提供了渠道，于是就必然发生政治共识的解体。

西方前景如何？依照历史的经验，西方走出这场共识分裂的可能十分渺茫。首先，西方在世界上的优势地位已经削弱，没有超额利润来进行内部安抚，也不可能再有机会从容地制造共识和向外转移矛盾；其次，自由主义价值观的合法性和欺骗能力已经基本耗尽，短期内无法重整旗鼓。所以西方眼下只能祭起民族主义、保守主义甚至宗教精神来得到暂时的凝聚，这种策略对于自由民主的命运而言实际是饮鸩止渴，短期的幸存只不过加速了系统性失败的来临。还有一种可能，就是通过革命和战争来重新洗牌，但那已经是后自由民主时代的前景。无论如何，西方社会的政治分裂已经对其现有制度构成了严峻考验。

3. 共同体建构危机和文化矛盾

正如亨廷顿引博兹曼（Adda B. Bozeman）所说，政治制度只是"文明表面转瞬即逝的权宜手段"，[16]西方的制度危机是比较表面的现象，更深一层的是共同体危机，也就是国家建构危机，以及随之产生的文化矛盾。

前面提到人类文明早期阶段对走出地方性血统政治的普遍需求，这一需求在很大程度上驱动着人类各种政治共同体的发展方向，即从地方性的小共同体走向超地方的统一共同体。统一不仅仅可以带来和平、安全和普遍的政治秩序，也可为内部统一市场、大规模社会分工、基础设施建设和高级文化的生产创造条件，现代资本主义还显示了统一带来的技术和产业创新的规模效应。比较中国的秦制、美国宪政和欧洲一体化，如果剥离掉"权利"话语的面纱，其实可以发现它们共享着许多类似目标。因而可以说，统一是人类政治发展首要的"普遍价值"。多数古代文明都发生了从城邦时代向统一大帝国时代的过渡，[17]但是统一的程度各不相同，并且除中国之外，其他文明都不同程度地发生了倒退，部分地退回到地方性血缘政治阶段之中。欧洲文明是倒退最严重的，在阿拉伯世界多次形成大帝国之后，欧洲仍然未能走出中世纪。[18]

启蒙运动以来，欧洲才在借鉴学习阿拉伯文化和中国文明辉煌制度成就的基础上，恢复了缓慢的共同体建构过程，与社会相分离的公共性权力在罗马帝国崩溃一千多年之后终于再一次在欧洲大陆上开始生长。今天欧洲各国都是这一过程的产物。以法国的路易十四为典型代表，欧洲终于出现中央集权的民族国家，这在当时是具有巨大进步意义的共同体形式。然而，对于欧洲既是大幸也是不幸的是，共同体建构过程尚未完成，英国就产生了资本主义。[19]自此，资本主义和共同体建构就成了西方文明内部既相辅相成又相互制约的一对逻辑。

按照共同体建构的逻辑，西方应该不断追求在更高层次上实现"一体化"（这也是欧洲基督教政治哲学的理想和各种永久和平论与世界帝国论者的理想），或者说某种版本的"大一统"状态。而按照资本主义的逻辑，资本扩张早期需要国家的护持和重商主义政策，所以会加速政治共同体的形成；但是到资本扩张后期，资本的流动性和国家的地方性之间的矛盾就会突出，资本成为阻碍共同体建构向更高层次发展的因素。

这两种逻辑在现实中碰撞的结果就是，源自英国的资本主义生产方式通过国家间的竞争和战争迅速在欧洲传播开来，加速了欧洲民族国家建构，同时也导致了民族国家结构的早熟和固化，使之不可能在更高层次上复制共同体建构模式，欧洲由此进入"列强模式"（美国是一个例外，在极特殊的条件下得以初步实现统一共同体的建构）。此后资本跳出民族国家宿主，开始世界性扩张，资本的流动性和国家的地方性之间的张力自此就成了西方文明挥之不去的梦魇。西欧殖民帝国的扩张和宗主国的空心化、东欧传统帝国的崩溃和大量"无根人口"的流散、欧洲列强在世界上的优势地位和相互之间的安全威胁等，这些矛盾本质上都是资本流动性和国家地方性的矛盾所致，最后只有靠战争和革命才能打破这个矛盾。

两次世界大战就是矛盾的总爆发，美国这个特殊力量的存在才使之没有演变成西方文明本身的崩溃。第二次世界大战后，西方文明和资本主义都获得重生，表面上看迎来了一个黄金时期，但是实际上从来没有真正克服内在的矛盾。共同体建构的逻辑和资本主义的逻辑主要以文化矛盾的方式继续存在，主要体现在以下三种矛盾之中。

（1）群体与个人的矛盾。任何共同体的存续，都要以某种集体意识为基础。西方在中世纪主要是靠基督教，近代以来靠共和主义和民族主义。而资本主义要求以个人主义为基础，资本主义的核心价值——自由、法治、权利、契约、程序——都是个体本位的。这些核心价值长期以来压制了牺牲、美德、传统等价值观，埋下了国家解体的可能性。

此外，由于来自内部阶级斗争的威胁和外部共产主义的竞争，西方国家不得不吸收了许多社会主义因素，比如普选权、劳动权利、社会保障、妇女权利和少数民族权利等。但是在吸收这些因素的时候，必然要摘除掉社会主义价值中的集体主义本位，将这些权利与个人主义相嫁接。这个过程中就埋下了无法自洽的矛盾：无论是西欧的福利国家还是美国的"新政自由主义"，都是个人主义基础上的赋权运动（entitlement），所以虽然表面上呈现出"进步主义""伟大社会"或"福利社会"的光华，内部却在酝酿着社会原子化和解体化的风险，加剧了共同体与个人的矛盾。这一矛盾在今天的欧美都已开始爆发，选举制度更将这种矛盾锁死，非革命性变革几无改良的可能。

（2）集权与分权的矛盾。共同体建构逻辑必然要求集权，如果没有资本主义的产生，欧洲国家建构会在集权的路径上演进。但是资本要求国家处于一种有限状态，以便于资本收放自如地俘获和控制国家，以及在必要的时候摆脱国家。所以资本主义逻辑导致了个人权利和地方权利对国家权力的制约，这就是所谓"宪政"的本质含义。这两种逻辑之间的冲突不仅使美国、德国等形成了州权制约中央集权的联邦制，而且使已经走上集权之路的欧洲国家也发生了倒退；在第二次世界大战后大多经历了不同程度的地方分权化过程（近来西班牙地方独立问题仅是暴露出来的少数结果之一），更甚之，在根本上阻碍了欧洲一体化的进展。

（3）排斥、归化与多元的矛盾。按照共同体建构逻辑，国家需要促进人口的均质化。有两种可能的方法可以达到这一目的：一是排斥，即将异质人口清除出共同体，实现内部的净化（第二次世界大战前的欧洲主要走的是这条路）；二是归化，即将不同的人变成一样的人（第二次世界大战前的美国主要采取这种方式）。而资本的逻辑主要将人口视作劳动力，不关注其文化属性。例如，在美国历史上，国会多次通过移民法案来缓解国内工人运动的威胁；而在今天的欧洲，面对移民问题，亲资本的力量一直是持欢迎立场的主力。

第二次世界大战后，美欧各国都进入了一个以赋权为特征的进步时期，平等权利与个人主义的结合（也即部分社会主义价值和资本主义核心价值的结合）产生了"文化多元主义"。自20世纪70年代大行其道的各种多元主义是个十分复杂的现象，但总体上符合资本的逻辑而不利于共同体的逻辑。

80年代以来，多元主义不断导致西方社会内部的"文化战争"，[20]到今天已经演变成无法弥合的社会分裂。

这三种矛盾合力的结果就是西方文明普遍出现了共同体离散的风险。如果西方文明能够迅速走出这场危机，它也要花相当长的时间重新集聚统一的动能，推动共同体建构的逻辑继续发展。如果西方不能走出这场危机，那么它在未来世界政治中将变得越来越无足轻重。

4. 西方主导的世界体系的失败

人类历史上诸文明的稳定与否，有一个重要的条件就是自足能力。自足能力对文明的地理范围、人口规模、资源能源和生产方式都有一些要求，但是在这些基础上，政治统一的建立是最不可或缺的。中国是人类文明中自足能力最强的，所以也最为稳定（在现代史上，中国也是迄今唯一能够不通过向外转嫁矛盾而完成工业化的国家）。西方文明从未长期实现自足状态。资本主义的兴起一方面弥补了西方文明自足能力的短板，使其可以在世界范围内汲取资源，但另一方面也使其在更高层次、更大范围上产生了对外部世界的依赖，更加难以自足。因而，不管是单个的西方国家，还是作为整体的现代西方文明，其兴衰都系于其主导的世界体系的成败。从第二次世界大战后到20世纪90年代，美国逐渐步上了这个世界体系的霸主地位，欧洲、日本等第二梯队在美国体系下也享受着部分红利，这是西方现代文明得以生存的必要条件。但现在这一国际体系也出现了解体迹象。

首先，这个体系与美国的国家利益形成了矛盾。20世纪70年代布雷顿森林体系解体后，美国通过美元向世界提供流动性来维持美元霸权，但同时产生的长期巨额失衡要靠进口廉价商品来弥补。这个循环有利于美国的短期利益，长期却损害了美国的工业能力和阶级结构。近年来矛盾爆发，这个体系越来越难以为继，美国国内孤立主义和保护主义呼声高涨。

其次，美国主导的体系与英国的全球帝国有一个重大区别：英帝国是殖民帝国，对殖民地实施直接统治，虽然本质罪恶，但至少为当地提供了基本的秩序和治理结构，所以在一定程度上形成了一个有序的体系，甚至英帝国的解体都是在有序情况下发生的；而美国的全球体系是金融帝国，以自由为原则，不关注治理。美国表面上推广民主、法治、人权等，实质上是推广自由原则以服务于本国资本的利益，结果就导致了美国资本所至之处，往往发生自由主义之灾，国家崩坏，秩序无存。随着美国硬实力的衰落，整个体系越发陷入无序状态，这反过来损害了美国的利益。

最后，也是最重要的，西方文明所建立的所有世界体系，本质上都是剥削性、等级性的，始终面临着其他文明的反抗，不可能稳定长存。

西方主导的世界体系在过去能够稳定存在，既依赖于西方的军事和经济力量，也借助于西方的意识形态。当前西方的硬实力在下降，意识形态力量也在衰落，而且速度有可能更快，这就和现有的世界体系形成了一种"正反馈"式的互动：西方控制力的软弱，加剧了当前世界体系的解体；而世界体系的解体，又进一步打断了西方国家长期依赖的全球价值链条。

本节通过四个部分粗略勾勒了西方文明现在所处状态的历史图景。这个图景非常不完备，比如，没有考虑到技术创新有可能发生的巨大作用，没有设想西方通过发动战争来解决问题的可能。但是，在假定其他条件不会发生革命性变化的前提下，我们有理由得出结论。首先，西方的政治制度出了根本性问题，资本失去约束、经济不平等加剧、社会阶级固化，整个制度发生了世袭化的倒退。其次，自由民主的意识形态中，共识是被制造出来的，需要靠外部条件来维系。再次，制度危机反映了西方国家建构模式和文化矛盾等深层矛盾，它们的根源是共同体逻辑和资本逻辑的矛盾。该矛盾带来了比制度危机更危险的结果——共同体的解体。最后，西方现代文明是一种无法自足的文明，依赖于世界体系而存在。现代世界体系的失败将给西方带来致命一击。

（范勇鹏）

二、中国社会主义为什么成功

西方之乱与中国之治的制度原因

近年西方世界乱象频发，2016年以来尤甚。特别是"政治素人"特朗普当选美国总统以来的一系列政策引发巨大争议，政坛恶斗加剧，社会分裂加深；中东难民大规模涌入欧洲，搅乱了几乎所有欧洲国家的政局；英国公投脱欧给世界经济带来了持续的不确定性；逆全球化趋势和民粹主义思潮迅速蔓延，右翼势力在很多国家不断坐大；西方国家经历的恐怖袭击从未像今天这样密集；债务危机、金融危机、福利危机等使多数百姓的实际生活水平长期停滞不前，甚至下降。总之，西方之乱已经成为世界不安全、不稳定的一个主要根源，西方模式正面临严峻挑战。

与此形成鲜明对照的是中国之治。短短数十年，中国以西方不认可的方式迅速崛起，给西方和整个世界带来了震撼。特别是党的十八大以来，以习近平同志为核心的党中央运筹帷幄、善谋敢断，从反腐倡廉到深化改革全面发力，治国理政呈现出全新格局，整个国家的政治定力牢固，经济实力、科技实力、国防实力、国际影响力不断迈上新台阶。当前，中国已经成为世界第二大经济体、世界经济增长的第一引擎。中国消除了世界上最多的贫困，创造了世界上最大的中产阶层，并且是全球社会治安最好的国家之一。中国智慧、中国经验和中国理念正迅速走向世界，为解决全球治理难题提供一个又一个中国方案。2016年，法国益普索公司（Ipsos）的一项民调显示，中国人对国家发展方向的满意率高达89%，远远高于美国的36%和法国的13%。

从西方之乱到中国之治，这一切都发生在全球化持续深化的大背景之下。为什么面对全球化，西方出现了混乱乃至大乱，而中国实现了大治？

1. 源于中西方对全球化不同的认知和战略

欧美长期以来不遗余力推动的全球化本质上是新自由主义的全球化，是为国际垄断资本主义服务的。新自由主义以自由化、私有化和市场化为主要特征，主张经济去管制化，以资本追求最大限度利润为动力，甚至在不少领域内奉行"弱肉强食"的丛林法则。同时，为了推行有利于资本利益最大化的政策，新自由主义还楔入了所谓"政治民主化"的要求。赢得"冷战"胜利的西方国家认为，随着新自由主义经济全球化，西方自由主义民主模式也必然为世界各国所接受。美国学者弗朗西斯·福山甚至提出了"历史终结论"，即西方的政治模式代表了"历史的终结"。

新自由主义主导的经济全球化使不少西方国家获得了惊人的财富，但西方资本向海外扩张的同时，西方国家内部却出现了产业空洞化、去工业化、就业形势严峻等问题。这些国家没有建立真正公平公正的分配制度，导致全球化的好处大都为极少数富裕阶层所垄断，而全球化的代价却由普通百姓来承受，结果是贫困人口飙升、贫富差距剧增、社会分化对立情绪蔓延。根据诺贝尔经济学奖获得者约瑟夫·斯蒂格利茨（Joseph E. Stiglitz）的计算，2014年美国民众实际收入的中位数比1989年的水平还要低。今天平均每七个美国人中就有一人生活在贫困线以下，而与此同时，占美国总人口0.1%的最富有家庭却与占总人口90%的普通家庭所拥有的财富不相上下。

西方国家在世界范围内推广的新自由主义经济政策，还造成许多发展中国家的经济命脉被西方资本控制，甚至百姓财富也被华尔街金融大鳄洗劫一空。而接受了西方"输出民主"的国家，要么沦为西方的附庸，要么政治生态急剧恶化，陷入内乱甚至战争。西方国家强行干预中东政治进程，破坏了地区稳定，如今也不得不为此埋单：不断升级的难民危机和恐怖袭击正是地区国家长期得不到善治、不稳定因素积累并外溢的结果。

中国积极稳健地融入全球化，但明确把全球化界定为经济全球化，而非政治全球化，更不是"西方化"。中国人认为经济全球化是一种历史大势，我们应该顺势而为；但同时也认为全球化是一把双刃剑，处理得好，会给人民带来福祉，处理得不好，会带来灾难。邓小平在1989年曾深刻指出："整个帝国主义西方世界企图使社会主义各国都放弃社会主义道路，最终纳入国际垄断资本的统治，纳入资本主义的轨道。现在我们要顶住这股逆流，旗帜要鲜明。因为如果我们不坚持社会主义，最终发展起来也不过成为一个附庸国，而且就连想要发展起来也不容易。"[21]

因此，中国不仅不会放弃社会主义，而且还要用社会主义的制度优势来克服新自由主义全球化的缺陷和弊端，最终超越资本主义。中国在融入全球化的过程中保持了战略定力，探索和坚持适合自身国情的发展道路，始终坚持以人民为中心的发展思想，坚持社会公平正义，让不同阶层人群共享全球化的成果，国家因此全面崛起，并且蓄积起推动国际秩序变革的经济政治能量。随着"一带一路"倡议的提出和落实，中国开始引领一轮新型的合作共赢的全球化。

2. 源于中西方国家不同的制度安排

习近平总书记指出："中国特色社会主义制度是当代中国发展进步的根本制度保障，是具有鲜明中国特色、明显制度优势、强大自我完善能力的先进制度。"[22]正是中国特色社会主义的一系列制度安排，使中国成为全球化进程中的佼佼者，使绝大多数中国人成为这个进程的受益者；而西方的制度安排显然没有做到这一点。

首先，在政治制度安排方面：中国和西方制度安排的最大差别就是中国有一个代表人民整体利益的政治力量，而西方国家没有这种力量。西方的政党是公开的"部分利益党"，不同政党代表社会中不同群体的利益，因此国家政策摇摆不定并常常陷入政党之间和不同利益集团之间的撕扯之中，国家发展容易失去方向。而中国共产党是一个"整体利益党"，是全心全意为人民服务的党，在中国现代化事业中发挥着领导、规范和协调的作用。中国共产党今天已成为世界上战略规划与执行能力、社会整合能力、改革创新能力最强的政党，这使中国得以超越新自由主义全球化带来的民粹主义、短视主义、社会对抗、法条主义等诸多问题。当然，中国共产党也面临不少挑战，唯有大力推进全面从严治党和全面深化改革，才能继续发挥好领导中华民族伟大复兴的核心作用。

其次，在经济制度安排方面：新自由主义为了维护资本力量利益，主张自由放任的市场经济，极力反对国家和政府任何形式的管制和干预。不受限制的资本主义全球化和金融化弱化了起稳定作用的政府宏观经济政策效果，导致西方国家陷入金融危机、债务危机和经济危机，百姓收入长期停滞不前，资产贬值的也不在少数。而中国发展社会主义市场经济，本质上是"看不见的手"与"看得见的手"有机结合、公有制经济和非公有制经济共同发展的新模式。它力求通过市场经济取得资源配置的最优化，同时通过社会主义来保证最大限度的公平正义。这个模式创造了中国迅速崛起、绝大多数人民生活水平大幅改善的奇迹。这种制度安排是对新自由主义经济模式的超越。现在的中国社会主义市场经济，包括一整套宏观调控和结构性改革的思路、方法和措施，虽然还在继续完善之中，但已经在应对世界经济危机和促进经济长期稳定增长方面显示出强大生命力。

再次，在社会治理模式方面：西方自由主义强调个人权利优先，倡导消极国家观，认为国家的作用仅限于维护个人权利和自由的实现。在经济发展顺利的条件下，西方社会多元利益相对趋于平衡，社会运行基本稳定；但随着经济走衰，福利难以为继，贫富差距急剧扩大，各族裔群体之间、不同利益团体之间、不同社会阶层之间的矛盾深化乃至激化，而西方代议制民主政府在层出不穷的危机面前捉襟见肘、举步维艰。相

比之下，作为一个有着13亿多人口、地域辽阔、发展尚不均
衡的国家，中国却实现了空前的社会稳定，基本实现了全民养
老和医保，住房自有率和社会治安水平高于西方国家。这得益
于中国通过自己的探索和实践，形成了基本符合中国国情的一
整套社会制度安排。其最大特点是建立了国家与社会的良性互
动，形成以党政主导、社会协同、公众参与为主要特征的社会
治理模式。随着互联网的发展，中国社会从来没有像今天这样
充满了活力，但某些民粹主义和短视主义的趋势也在发展。好
在中国的制度安排有利于从国家和人民的整体利益出发来规范
这些趋势，从而维护社会和谐稳定的根本大局。

3. 源于中西方国家治理中三种力量对比关系的差异

在一个更深刻的层次上，西方之乱和中国之治的背后是
国家治理中三种力量——政治、社会、资本——对比关系的
巨大差异。

在许多西方国家，政治力量、社会力量、资本力量严重
失衡，资本力量独大。以美国为例，根据2010年和2014年美
国联邦最高法院的裁决，企业、机构和个人对竞选活动的捐
款不再设上限。这种资本力量独大的状况意味着国家的政治

力量缺少必要的独立性和中立性，社会力量也被资本力量渗透。如所谓拥有"第四权力"的各种媒体，由于背后都有垄断资本控制，几乎只能顺着资本力量的要求走，根本不可能真正反映绝大多数普通人民的意志和愿望。其直接结果就是西方民主变成了为垄断资本服务的民主，民众的利益不得不让位于垄断资本的利益，从而导致贫富差距剧增，多数百姓无法从全球化进程中真正获益。在另外一些西方国家，社会力量过大，民粹主义和极端主义思潮无法得到有效制衡；在选票压力下，这些国家的政治力量也不具备整合社会的能力与改革创新的能力。当前欧洲面临的政治困境正是社会力量过大、难以形成改革合力造成的。

相比之下，中国政治力量保持了自己独立于社会力量和资本力量的特性，在保持社会力量和资本力量某种平衡的同时，保持了自己规范并引领社会力量和资本力量的能力。这是中国得以在全球化过程中趋利避害、成功崛起的关键所在，也是绝大多数中国普通民众从全球化过程中获益良多的关键所在。

中国的全面崛起无疑是人类历史上闻所未闻的奇迹。中国之治的背后是以人民整体利益为归依的制度安排，而这些制度安排的背后有源远流长的中华文明基因，有中国特色社会主义事业的红色基因，也有对世界其他文明的大量借鉴。从中长期前景来看，中国崛起对世界的最大意义不仅是世界五分之一的人口走向富裕所带来的广泛而深刻的国际影响，也是中国一整套的政治、经济、社会制度安排为人类建设更加美好社会所提供的有益经验和宝贵智慧。

（张维为）

中国政治思想的政道传统

中国的国情和文化与西方国家迥然不同，也因此形成具有自身特色的思想和学术。如果套用西方概念和学说来讨论中国的事情，往往隔靴搔痒、说不清楚，甚至出现误读。

在政治思想领域，中西方关注的视角也有很大差异。对此，有学者做过专门研究，提出西方学者比较关心"政体"问题，而中国很多学者则关心"政道"问题。西方不少学者认为政治生活中"政体"是最重要的，因而重点讨论权力怎样产生、分配和制约，喜欢用民主与专制对立的框架进行分析。与此不同的是，中国历史上讨论"政体"问题的思想者为数不多。中国传统思想家对"政道"更为津津乐道，常用"国有道""君有道""政不得其道"等方式进行表述。"政道"问题关注的重点是治国的理念和目标，就是考察治理的实际效果。

在中国传统文化中，"政道"是一个很重要的话题。无论儒家、法家、道家、墨家，都有很多代表性人物讨论"政道"。他们从实现治理目标、达到良好治理效果的角度出发，探索治国的理念和模式，评价当时社会治理的实际情况。至于具体的治理方法，一般则会根据不同时期的社会发展状况进行选择。比如有的时候强调法治，有的时候强调无为而治，等等。在中国漫长的历史发展中，更是形成了礼法合治的智慧。

这种中西方政治文化的差异，可能与中国的国家规模一直比较大有关。在疆域广阔、各地差别明显的情况下，国家治理并不拘泥于某种特定的"政体"模式，而是把重点放在执政所要达到的目标上，并围绕这个目标形成相应的制度安排。

在2000多年的历史长河中，中国按照自己对政治的理解，形成了一整套国家治理的理念，比如仁政、德治等。与之相适应，再设计比较有效的治理体制机制，比如科举、官僚层级制度等。虽然随着历史发展，这些理念和制度出现了一些问题，但从这个过程中可以看出，中国政治思想注重把

"政道"先搞清楚，然后从"政道"出发来探索具体制度，而不是相反。

中西方不同的政治观念也表现在对民主的理解上。按照西方政治学观点，民主被理解为某种程序民主，实践中表现为一种多党制下的政党竞选制度。民主成为一套制度性程序，一种选择执政力量的方法。而中国则更为关注实质民主。所谓实质民主，就是首先看这种民主能否最大限度地反映和满足人民群众的愿望和要求，能否使国家长治久安，真正实现良政善治。良政善治的追求是"政道"传统的一种体现。

邓小平同志曾说："评价一个国家的政治体制、政治结构和政策是否正确，关键看三条：第一是看国家的政局是否稳定；第二是看能否增进人民的团结，改善人民的生活；第三是看生产力能否得到持续发展。"[23]这里把人民团结和人民生活改善均作为评价标准。按照这样的标准，西方国家的民主质量不容乐观。近年来，西方一些国家的民众生活水平没有得到改善，贫富差距拉大，社会出现分裂与冲突。这说明西方民主政治运行出现了问题。那些学习了西方民主的"颜色革命"国家，它们的民主制度质量也很糟糕，国家政局持续动荡，人民生活更加困苦，其中一些国家甚至陷入了全面内战、分崩离析的悲惨境地。

从实质民主、良政善治的目标出发，探索民主的实现形式和程序，是中国政治思想的一种智慧。中国强调实质民主，大胆探索符合自己国情的政治发展道路，也可以说是这种政治思想传统的体现。正如习近平同志所指出的："这样一套制度安排，能够有效保证人民享有更加广泛、更加充实的权利和自由，保证人民广泛参加国家治理和社会治理；能够有效调节国家政治关系，发展充满活力的政党关系、民族关系、宗教关系、阶层关系、海内外同胞关系，增强民族凝聚力，形成安定团结的政治局面；能够集中力量办大事，有效促进社会生产力解放和发展，促进现代化建设各项事业，促进人民生活质量和水平不断提高；能够有效维护国家独立自主，有力维护国家主权、安全、发展利益，维护中国人民和中华民族的福祉。"[24]中国社会主义民主政治是实现"两个一百年"奋斗目标的重要制度保证，也将丰富世界政治文明形态，为其他国家提供借鉴。

总之，中国人秉持实事求是理念，强调从内容与结果的结合上来讨论治理问题，从能在多大程度上实现良政善治来判断一种政治制度的质量，这对于片面强调形式和程序正确的西方政治话语来说是一种范式转变。至今还有西方政治学者认为程序正义就会自动产生实质正义，形式民主就等于实质民主，这并不符合我们所观察到的事实。中国的政治思想认为实现民主的途径应由不同国家根据具体情况进行探索，如果一定要把世界上的政治分成两大类，那么，良政与劣政可能是一种比较切合实际的分类。"政道"思想体现了中国人考察政治运行的智慧，在今天的政治学研究中仍然具有价值，中国人应该也能够为人类制度文明进步做出自己独特的贡献。

（张维为）

中国制度的优势在于公共性和平等性

中国在经济、社会、政治、法律、科技各方面都日新月异地发生着变化，成为动荡世界中一方相对稳定繁荣的乐土，中国人对自己的制度有了更多的自信。更值得关注的是，不少过去习惯于对中国制度指手画脚的西方人，现在也不得不承认中国制度正在显示出越来越多的优势。但是依然会有人说：这是成败论英雄嘛。他们认为中国制度的优势目前主要表现为更好的治理结果、更强的国家能力和更高的制度效率，但是这些都只能说明中国制度的"强"，而不能说明中国制度的"善"。事实真的是这样吗？

的确，强大本身并不能证明正义。但是中国制度的优越性绝不仅仅是依靠其强大和效率证明的，虽然强大和效率本身就是一个优秀制度的基本要求。无论是纵向地比还是横向地比，中国当代制度都堪称人类政治制度的优秀结晶。纵向地看，中国的制度是在继承2000年传统政治智慧基础上、经过中华人民共和国成立70年和40年改革开放实践而集大成者；横向地看，中国当代制度演进的过程中，从不故步自封，而是吸收借鉴了苏联、美欧、亚太各国制度的诸多优点。人类没有任何一个其他制度敢称具备了这两条。因而，中国的制度也具有高度的正义性特征，这些特征一直存在，只是随着中国的成功和强大而更清晰地显示出来，更容易被人们所察觉。

在这诸多正义性特征之中，我认为值得特别强调的是"公平"二字。

所谓"公"，是指中国制度的公共性。人类所有前现代制度都具有不同程度的私有性，大多数文明所建立的制度都是由某一部落、民族、宗教、教派、地区、种姓或阶层统治并为其私利服务的。只有中国早自秦汉就建立了原则上代表天下百姓的国家，并且经由举荐到科举，逐渐建立了通过客观标准选择统治者的官僚制度。这一创造对人类历史的贡献远比"四大发明"更为重大，西方世界直到18世纪才认识到其意义，19世纪晚期才建立了现代文官制度。18世纪之前，西方甚至连像样的政治制度都没有。从古典到近代，西方文明中出现过的政治制度史与中国蔚为大观的"三通""六典"之类的制度史巨著相比，可谓寒酸逼仄。此外，只有中国文化产生了"天下为公"这样的政治理想，虽然由于长期存在着皇权、父权和夫权，中国古代制度并未真正成为一个公共性制度，但是这种理想始终推动着中国制度传统在世俗、理性的轨道上发展。

中国共产党建立的社会主义人民共和国，一方面继承了2000年的传统精髓，另一方面建立了前所未有的人民性制度。同时，中国共产党的政治原则和能动性一直驱动着这个人民性制度与时俱进，保持着一种运动状态。虽然在历史过程中曾经犯过错误，也遭到法条主义者的批评，但是新中国的制度避免了苏联式的官僚僵化，防止了官僚特权阶层这一新"私有"集团的出现和固化，保障了制度的公共性。相反，西方自由宪政在设计上就是为了让资本能够有效地俘获国家，本质上就是私有性的制度。法国经济学家皮凯蒂在《21世纪资本论》中指出西方资本主义就是"世袭式"制度，美国学者福山近年来也多次论及以"再世袭化"为特征的西方政治衰朽。说白了，西方国家本质上依然是披着民主外衣的封建制度。相比起来，今天中国的制度无疑是世界上最能够保障公共性的制度。

　　所谓"平"，是指中国制度的平等性。美国《独立宣言》喊出了"人人生而平等"，法国大革命提出了"自由、平等、博爱"的口号，西方人之所以在18世纪末纷纷以平等为革命的口号，恰恰是因为它们在当时最缺乏平等。欧洲长期处于贵族政治之中，人的平等无从谈起。资产阶级革命所提出的平等无非用财产的不平等代替了基于血缘的不平等，用资本特权代替了封建贵族特权。西方，特别是美国制度的基本特征是自由。自由听起来很美，却天生是平等的反对派。基于自由的制度必然演变成少数人的盛宴和多数人的灾难。近年来，西方学术界有不少人开始关注长期被掩盖的平等问题，甚至已经有学者指出西方制度未来可能的崩溃就是由于不平等。

中华文明在大型古代文明中唯一建立了平等的身份。秦末农民起义喊出了"王侯将相宁有种乎"的革命口号，直到18世纪欧洲人的脑子中都不会产生这样的念头，在印度等国家，可能到今天这仍然是个幻想。中国人创造的以知识为客观选择统治者标准的制度，令知识的每一次扩散（如造纸术和活字印刷）都带来了平等的大进步。中国共产党领导的革命和建国，根本性地取消了各民族、各阶级的不平等。新中国的国家制度最大的特征就是使人向着平等的方向发展。平等意味着实质的民主，意味着社会的流动，意味着根本性的正义。

公共性和平等性是中国制度最大的优势，但维护和发展这种公共性和平等性也是中国共产党最大的挑战。当前的反腐、依法治国、从严治党都是这个正确方向上的有力措施。过去经济发展和社会改革过程中产生的诸多特权、腐败和不平等现象需要大力治理。中国制度的优势并非注定的天然优势，它们既是前人智慧和努力的结晶，也需要当代共产党人坚决保卫、努力发扬，为中华民族的伟大复兴提供坚实的制度保障，为人类命运共同体的构建垂范制度榜样。

（范勇鹏）

中国选贤任能模式是如何超越西方模式的？

　　每一次党的新一届领导班子产生，中国的选贤任能模式都会吸引全世界的目光。2012年党的十八大召开之后，我曾就当时选举产生的中共领导班子的组成，在《纽约时报》上发表过一篇评论文章，谈中国的选贤任能模式是如何超越西方模式的。我当时是这样写的：

　　　　世界上最大的两个经济体都在经历最高领导人的换届，这种巧合被西方媒体描述为一个不透明的共产党国家与一个透明的大众民主国家的鲜明对比。这种对比是非常肤浅的，它实际上涉及的是两种政治模式之间的竞争：一种更强调选贤任能的模式，另一种则迷信选票的模式。相比之下，中国选贤任能的模式可能胜出。

　　　　中国最高决策机构，即中共中央政治局常委的候选人几乎都担任过两任省委书记或具有其他相应的工作历练。在中国，治理一个省的工作，对主政者才干和能力的要求非常之高，因为中国一个省的平均规模几乎是欧洲四五个国家的规模。很难想象在中国这种选贤任能的制度下，像美国小布什和日本野田佳彦这样能力差的领导人能够进入国家最高领导层。

以中国新领导人习近平为例，他曾在经济充满活力的福建担任省长，后又担任过民营经济高度发达的浙江省的省委书记，其后又担任过上海市委书记，上海是中国的金融和商业中心，还有许多强大的国有企业。换言之，在习近平担任中央政治局常委之前，他主政过的地区，就人口而言，超过1.2亿，就经济规模而言，超过印度。其后他又有五年时间，以国家领导人的身份来熟悉整个国家层面的政治、军事等领域的领导工作。

亚伯拉罕·林肯的理想是"民有、民治、民享"的政府，但在现实中这一理想并非轻易可及。美国的民主制度距林肯的理想还相当遥远，否则诺贝尔经济学奖得主约瑟夫·斯蒂格利茨就不会批评美国的制度是"1%有、1%治、1%享"。

中国已成为世界上最大的经济、社会和政治改革的实验室。中国这种"选拔+选举"的模式已经可以和美国的选举民主模式进行竞争。温斯顿·丘吉尔有一句名言："民主是最坏的制度，但其他已尝试的制度更坏。"在

西方的文化背景中，情况可能如此。许多中国人将丘吉
尔的这句名言意译为民主是"最不坏的制度"，也就是中
国伟大的战略家孙子所说的"下下策"，它至少可以保证
坏领导人的出局。然而，在中国儒家选贤任能的政治传
统中，政府应该永远追求"上上策"或"最最好"的目
标，力求选拔出尽可能卓越的领导人。这当然很难做到，
但这种努力不会停止。中国通过政治制度上的创新，已
经产生了一种制度安排，它在很大程度上实现了"上上
策"（选出久经考验的领导人）与保底的"下下策"（保
证应该离开领导岗位的人离开）的结合，这是超越西方
那种只有"下下策"的制度安排的。[25]

　　七年过去了，我的这些话无须修改，因为它准确概述了
中西方政治制度的差异。令人感慨万千的是：七年时间飞逝
而过，中国的选贤任能模式产生的一流领导人及其团队推动
了中国在世界范围内的迅速崛起，而西方选举政治模式产生
的平庸领导人导致西方世界更快地走衰。一位英国朋友对我
说："虽然我不信仰共产主义，但如果你把习近平主席和美国
特朗普总统、法国马克龙总统、英国特蕾莎·梅首相放在一

起，那反差实在是太大了，你问我谁更值得信任，我会说习近平。"

从中国人的视角看，西方社会今天极其缺乏具备战略眼光和执行力的领导人，原因就是西方政治制度中缺乏"选贤任能"的制度安排。在许多西方国家里，多党民主制度早已演变成一种"游戏民主"，即把民主等同于竞选，把竞选等同于政治营销，把政治营销等同于拼金钱、拼资源、拼公关、拼谋略、拼形象、拼演艺表演；政客所做的承诺无须兑现，只要有助于打胜选战就行。这种没有"选贤任能"理念的"游戏民主"所产生的领导人能说会道者居多，真才实干者极少。

此外，西方国家普遍陷入财政危机，一个主要原因是能力差的政客只会竞相讨好选民，开出各种各样的福利支票，结果耗尽了国库，最终恶果还是要老百姓来买单。希腊的帕潘德里欧和意大利的贝卢斯科尼是这些国家的标志性人物。帕氏祖孙三代担任希腊总理，是西方"游戏民主"里小范围选人的"家族政治"典型。贝卢斯科尼是意大利首富，坐拥亿万家产，控制意大利主要传媒，尽管关于他的各种绯闻和丑闻几乎从未间断，但他还是三度出任了政府总理。这些国家都曾相当风光，但一代无能的纨绔子弟就把国库败了个精光。

中国的选贤任能模式与此形成了鲜明对照。1978年，邓小平提出中国必须确保各项改革开放政策的连续性，确保国家全面现代化目标的如期实现，确保国家的长治久安。他强调需要通过选贤任能，从组织上保证这些战略目标的实现。他说过，"正确的政治路线要靠正确的组织路线来保证。中国的事情能不能办好，社会主义和改革开放能不能坚持，经济能不能快一点发展起来，国家能不能长治久安，从一定意义上说，关键在人"。[26] 在选贤任能的论述中，邓小平把中国最高执政团队的选拔看作重中之重，他讲过，"中国问题的关键在于共产党要有一个好的政治局，特别是好的政治局常委会。只要这个环节不发生问题，中国就稳如泰山"。[27]

经过数十年的实践，中国在政治改革的探索中已经把"选拔"和"选举"较好地结合起来。在过去数十年中，我们形成了能够致力于民族长远和整体利益的领导团队和梯队。这套制度安排意味着，高级干部的晋升必须经过大量的基层锻炼，经过不同岗位的工作实践，经过包括初步考察、征求意见、民调、评估、投票、公示等一系列程序，最后才能担任关键职务。虽然这种制度安排还有不足之处，还在继续完善之中，但就现在这个水平也可以和西方选举政治模式竞争。过去数十年中国的迅速崛起和西方的持续走衰就证明了这一点。

从思想传承来看，这种事业成败关键在"人"的思想在中国政治文化传统中源远流长。"治国之道，务在举贤。"[28] "为政之要，惟在得人，用非其人，必难致治。"[29] 表达的都是这个思想。某种意义上，这也是中国政治文化中的一种深层次的心理结构，从百姓到干部在文化心理上都认同"治国必须靠人才"。像西方那样，能说会道就可以竞选当总统，与中国政治文化深层次的心理结构格格不入。从制度传承来看，这种选贤任能的制度源于持续了上千年的科举选拔制度，也融入了西方政治制度中的一些做法，如民调和选举等。这种集古今优势和中外长处为一体的制度安排无疑具有强大的生命力，它是中华民族走向伟大复兴的制度保证。

写到此，我不由想起了2000多年前，古希腊哲人柏拉图就选举政治提出过的一个发人深省的问题。他说："如果你患了病，你是到广场上召集民众为你治病呢？还是去找医术精湛的大夫呢？你一定会去找医术精湛的大夫，那么治理一个国家，其责任和难度百倍于一个大夫，你该找谁呢？"柏拉图提出的问题在今天仍有现实意义，多少国家就是因为一人一票选出了恶人而走向了灾难。最典型的例子当数德国的希特勒和他的纳粹党。当时的魏玛共和国是良好宪政设计的产物，选举公正，舆论自由，宪政民主。但纳粹党利用人们的各种不满，采用民粹主义的手段，在1932年的选举中，获得37%的选票。而在1933年更是获得了44%的选票，比另外三个政党的票数之和还多，成为德国议会的第一大党。以理性著称的德国人结果选出了仇恨人类的希特勒执政，最终不仅给德国带来了灭顶之灾，也差一点毁掉了整个西方文明。

西方自由派曾创造出一种"制度万能论"的话语：只要制度好，一切问题都可以解决，选个傻瓜治国也没有关系。但随着全球化和国际竞争的加剧，随着中国和中国模式的迅速崛起，这种"制度万能论"不攻自破，连"历史终结论"的作者福山先生也不会接受了。美国选出了能力差的小布什当总统，美国的国运就连续八年走衰。美国再不进行实质性政治改革，其国运还将继续走衰。

中国人经过百折不挠的探索终于走出了自己的成功之路，我们今天可以为许多国家提供治国理政的经验和智慧，也可以为包括美国在内的西方国家指点一下迷津，让他们反思一下自己制度中的种种问题。世界历史正进入一个大转折时代，正见证"西方500年支配地位的终结"。在这个意义上，我们正处在人类历史上一个最激动人心的变革时代，而中国是这场历史性变革的中心。

（张维为）

社会主义在中国何以成功

中共十二大提出有中国特色的社会主义时，这个概念是有一个背景的，即世界上存在不少社会主义国家。中国的社会主义实践是世界社会主义运动的一部分，但同时又要将马克思主义普遍真理与中国具体实际相结合，一切从中国实际出发，不照抄别国经验，此之谓"中国特色社会主义"。

中共十九大提出，中国特色社会主义进入新时代。这个提法内涵十分丰富，比如，主要矛盾的界定和中共十二大提出"有中国特色的社会主义"时已经不同了。从国际上看，也体现了两个方面的重大变化：一是世界社会主义运动主要在中国了，二是中国的社会主义被实践证明成功了。

　　过去一个多世纪中，出现过形形色色的社会主义实践，但大多失败了。历史经验表明，社会主义的生存和成功不是一件容易的事。社会主义本身不是空想，但是社会主义的实现条件却像空想般严格，迄今为止，只有中国实现了这种成功，而且第一次实际证明了社会主义比资本主义更成功。

　　社会民主主义者和民主社会主义者过去常说，西欧、北欧国家在社会主义方面更成功，也就是说，通过合法斗争，社会主义一样可以从资本主义国家中生长出来。这种说法实际上是掩盖了而不是揭示了历史的真相。首先，西欧、北欧所谓民主社会主义在其国家体系范围内是无法自足的，它之所以能够存在是以全球政治经济的等级制为前提的，需要充沛的资源和财政能力来供养，需要不断向外转嫁矛盾才能获得暂时的稳定。其次，只要存在资本主义国家这种制度形式，资本的力量一定会尽一切努力追求对国家制度的俘获。议会政治、多党竞争、大众选举、多元主义文化，都是服务于金钱掌握权力这一最高目标。所以表面上呈现出部分社会主义色彩的所谓"福利国家"，最后必然会走向"福利资本主义"。它和社会主义本意是相对的，这种以个体和部分群体追求自身利益最大化为原则的国家制度，最终一定会走向反对共同体整体利益的解体状态，资本最终会控制一切。所以说，在西方福利国家中，社会主义也没有成功，只是在过去的几十年中，社会主义被当作幌子，现在随着西方国家国际地位的下降和内部共识的解体，这种制度已经走向失败。

那么，接下来的问题就是，中国社会主义何以能够成功？我们的答案就是两个词：中国传统和社会主义。对中国数千年文化和政治传统的继承与对马克思主义的坚持是中国道路成功的关键原因。具体而言，可从三个方面来看。

1. 国家能力

国家能力问题，这些年政治学界讲得比较多，但是多从国内治理的方面来看，这里我们提出一个新的视角，即从国际制度竞争和国内权力博弈两个层次来看。首先，从国际制度竞争来看，资本主义的产生不是普遍性现象。过去，社会主义国家中总在讨论一国能不能建成社会主义。其实，资本主义有着类似的问题，资本具有超越国界的冲动和需要，但一国是不能建成资本主义的。根据一些马克思主义历史学家的研究，法国和德国这样的国家，它们的发展过程里并没有出现普遍性的资本主义萌芽；最早产生于英国的资本主义是一种特殊的制度模式，通过欧洲的战争和国家能力的竞争，这种国家模式不断被模仿和扩散，形成了资本主义世界。因而，作为一种和资本主义对立的制度模式，社会主义首先要赢得国家能力的竞争，才有足够能力证明自己是比资本主义更好的制度。

其次，从国内权力博弈来看，资本最强大的力量是什么？不仅仅是通过国家之间竞争来获取利润，它最强大的力量在于从内部进行国家俘获和收买。从这个角度讲，社会主义的最大威胁也是来自资本内部的俘获，以及资本全球性对国家地方性的压制。因而，在国内政治生活中，如何保证公共性权力在与资本的俘获力的搏斗中取胜，是对社会主义的巨大挑战。因而国家能力问题，自然包含了国家如何维持公共性的问题。只有强大的公共性的国家能力才能够克服资本力量。

2. 制度基础

前面讲的国家能力，它来自什么？显然不能是来自暴力或者是对社会的压制，而是来自国家制度所具有的平等性、公共性、客观性等正当性特征（西方政治学所强调的"程序"

无法提供正当性）。

（1）平等性。中国是人类历史上第一个建立平等身份的国家，并且这种平等性不断上升。秦汉逐步走出贵族政治，初步实现了人的身份的平等，而这一点在西方是在近代才实现。东汉初年，我们建立了按户数比例推举孝廉制度，而美国按照人口比例推举众议员是到1787年才第一次确定下来。宋代的平等产生了发达的市民社会和商业文化。中国历史上最大的不平等——土地占有和性别的不平等，被中国共产党消除了。今天中国从纵向和横向上看都是社会平等的最高阶段。

（2）公共性。人类历史上绝大多数国家都具有"部落性"，即国家中的某一部分人（如宗教、教派、种族、阶级、地区或者民族）掌握国家公器而实现对所有人的统治。即便是今天，世界上多数国家仍然具有这种"部落性"。欧洲资本主义兴起带来了国家公共性的进步，但最大问题是没有办法克服资本俘获国家问题，只不过是用阶级性代替了其他"部落性"因素。而中国历史上，国家在秦汉之后就至少在理想上代表了天下所有人，并逐渐通过中性的官僚机器，建立起初步具有公共性的国家。自元、清以至民国，公共性都在不同程度上发生了倒退或反复，民国虽然建立了共和制度，但是国民党难以克服其作为帝国主义和官僚资本代言人的本质，违背了中国数千年来"天下为公"的普遍愿望。中国共产党在中华大地上首次建立了真正公共性的国家制度，为社会主义的成功奠定了制度基础。

（3）客观性。前面讲了官僚制度在维持国家公共性中的作用，但是官僚制度本身有两大问题：一是会被某种"私"的力量所俘获（历史上最常见的是资本的俘获，但是资本俘获官僚制度仍然会遇到阻力，所以在美国这样高度发达的资本主义国家，一定是要对官僚制度加以严格约束的。比如1883年《彭德尔顿法》以来，副部级以上官员是不受文官制度约束的）；二是官僚制度天生易于陷入保守和僵化。

对于第一个问题，就只有靠客观性选择统治集团成员来解决，通过不断将"非世袭性"的精英人员填充到官僚机器中来避免某一特定利益集团的俘获。人类政治最难的问题就是"谁来统治"的问题。这个问题最早只能通过暴力来解决。但人类文明的发展要求超越暴力阶段，于是普遍产生了靠血缘来维系权力传承和分配的制度。西方资本主义国家带来了一个巨大进步，即将权力资源转化为金钱，由不流血的财富竞争来解决选择统治者的问题。但是这个制度仍然不是公共性的，必然会导致资本的专制。

中国从汉代的"选+举"到隋唐的科举再到明清的八股，实际上是将权力资源转化成"知识"，通过一种纯粹客观的标准较好地解决了选择统治者的问题，实现了在人类历史上独有的以客观性保障公共性的国家制度。新中国通过人民及其先锋队直接掌握国家权力，将这种客观性进一步提升，通过人民直接"接管"知识而推翻了传统社会的地主阶级和精英主义色彩，再通过对人民的教育创造了人民掌握公共性权力的国家机器。（李中清教授对150年来中国精英教育的研究发现，1953—1993年，工农子弟大量进入精英教育领域，他称之为一场"无声的革命"。[30]）用技术手段来解决政治问题是极高的智慧，而中国共产党建立的制度同时使用技术手段和政治手段解决了国家公共性的问题，无疑代表着迄今为止人类制度实践的最高智慧。

3. 代表人民性的，具有主动性、责任感和领导力的先锋队群体

前述官僚制度的第二个缺陷——易于保守和僵化，中国历史上从来没有很好的解决办法。实际上它也是人类任何制

度形式都面临的一个永恒难题。再好的制度，都会停滞、僵化下去，形成固化的利益。历史上，中国古代士大夫阶层的家国情怀是克服官僚制度僵化的精神动力，每当精神衰落，官僚制度自身就丧失自我调适能力。

中国共产党通过"有声的革命"、土地革命、"无声的革命"等，打破了财富和权力封闭性，才真正打破了治乱循环的周期律。毛泽东主席与黄炎培谈到"历史周期律"时，所讲的"民主"显然不是今天所常用的以竞争性选举程序为基础的"自由民主"，而是体现"人民性"的实质民主。

这种人民性是任何一种具体的制度安排都无法永远保证的，它需要一种信仰动力，需要一种自我革新、自我批判的主动精神，需要一种认清历史趋势、承担历史责任的领导力。苏联社会主义的失败中，革命先锋和职业官僚的矛盾是一个重要原因。而中国的先锋队组织一直保持着信仰、活力、责任感和领导力，因而能够成为"死"的制度中一种"活"的力量源泉，不断突破制度僵化的趋势，打破利益集团的固化，推动制度不断往前走。这是中国特色社会主义能够成功的根本保证。

（范勇鹏）

三、用中国话语表达中国制度

中国话语面临的挑战

近年来，随着西方国家内部问题和国际危机的加剧，西方意识形态的霸权地位发生了动摇，从美国的"占领华尔街"到法国的"黑夜站立"等均反映出人民对自由民主制度的幻灭感，特朗普当选和西欧政治普遍转向保守显示出多元主义话语已经接近破产。但是，这并不是我们乐观的理由。从国际看，西方世界内部的意识形态战争仍在进行之中，攻击自由主义和多元主义的诸种思潮，如精英主义、保守主义、民族主义乃至西方马克思主义，仍然都属于资产阶级意识形态。这些思潮上升不仅会加大世界动荡和国家间冲突的风险，而且在话语层面上，它们仍然会对中国的主流价值观形成挑战。从国内看，自由主义、历史虚无主义、文化保守主义等思潮在西方价值观衰落大背景下做出的反应也是复杂多元的，主流价值观话语的建构一刻也不可松懈。

当前中国话语建构也面临着复杂的挑战，其中最主要的是理论如何联系现实，话语如何适应载体。

首先，理论如何联系现实。"理论联系实际"是中国共产党长期的优秀传统，但是当前现实的迅速变化对中国理论话语的建构提出了新的挑战。长期以来，中国话语的建构不仅仅是基于对世界和中国现实的客观认识，而且在一定程度上也基于对西方话语的批判和解构。可以说，西方话语在过去建立起来的强大霸权既是中国话语的威胁与挑战，也为我们提供了参照系和对立物。但是今天世界面临的局面是，西方话语正在逐渐解体崩塌，西方主导的世界学术和政治话语都出现了大规模的知识短缺和概念失效，这一变化也影响到中国哲学社会科学界。世界思想界普遍面临一个"失语"的时代。

这对我们既是"危"，也是"机"。之所以说是"危"，是因为西方话语的普遍失效带来了一个全球性的观念解体时期，各种保守主义和极端主义思潮冒了出来，潜藏着巨大的未知风险，我们也无法独善其身。如果西方话语的解体持续下去，中国话语就失去了一个重要的参照系和对立物，面临着重建话语表述的重大挑战。之所以说是"机"，是因为中国共产党的理论体系最大的优势就来自实事求是。过去几十间，在西方话语的不断攻击侵袭之下，中国话语表现出更多的回应性和论战性，在联系实际、反映现实方面做得不够。当前的危机将迫使中国理论话语更加重视对现实的研究和反映，这恰恰会增强中国话语的生命力。

其次，话语如何适应载体。新闻传播是话语建构的重要载体。在传统新闻业态下，我们的话语建构更加侧重宣传、说教、传播等单向模式。但是近年来，随着移动互联网、新媒体和自媒体的兴起，传统的话语表述方式显然已经捉襟见肘了。

从国际上看，特别是纸媒和电视媒体的影响力遭到严重削弱。一向被称为无冕之王和第四权力的媒体，在2016年美国大选中却被特朗普骂作"假新闻"，更关键的是，基本抛弃了传统媒体的特朗普竟然成功当选。西方近来提出了"后真相"的概念，即事实本身不重要，受众被唤起的主观感受才重要。从国内看，这一现象也同样发生在中国的公共舆论领域。新媒体的特征之一就是新闻本身是由媒体和受众共同建构的，新闻不是一个事实，而是一个过程。最典型的例子就是新闻事件中的"反转"现象和"帝吧出征"这样的集体情绪性反应。群众对新闻的反应往往显示出一种看似不合逻辑的模式，但实际这种不合逻辑就是一种新的逻辑。中国话语的建构要研究、尊重这种新逻辑，要尝试新的说理方式、沟通方式，使主流的话语被群众普遍接受。

（范勇鹏）

话语构建鱼水共识

随着近年来中国经济各方面的迅速发展，各级政府在社会治理等领域也面临着越来越复杂的挑战，其中之一就是公信力的挑战。在诸多重大公共事件的处理中，政府的"公信力赤字"一次次地暴露出来，使原本就已十分棘手的事态变得更加难以处置。这种现象被一些学者总结为"塔西佗陷阱"，引起了党和政府的高度重视。

所谓"塔西佗陷阱"，就是说当政府丧失公信力后，无论说什么做什么，群众都会认为它是在说假话、做坏事。对于这种现象，媒体上绝大多数的评论都将矛头指向政府，认为公信力的缺乏，首先是政府的失职所致。所提出的解决方案大多也是鲜有例外地指向政府改善作风、依法行政、亲民、透明等。无疑，这种观念大体上是正确的，要求政府改进治理方式也是必要且紧迫的。但是任何矛盾都不可能只有一个方面。公信力的矛盾，当然也存在政府是否可信和群众是否愿意相信两个方面。所以仅从政府一方来看问题显然是不全面的。况且，塔西佗的原话，也并非意在批评"皇帝"，而是更多地指向群众的主观好恶。

因而，群众是否愿意相信政府，以及更深一层，群众对政府有着怎样的好恶感情，也是值得检讨的一个问题。不可否认政府本身的行为是重要的因素，但是群众怎样看待政府，在相当大的程度上也取决于流行的观念。很多时候，并不是政府尽力做好了，群众就一定会认同。如果在一些观念问题上没有了共识，仅靠政府单方面的改善也只能事倍功半。当前出现的政府公信力问题，与长期以来西方话语、自由主义观念的传播和影响有着不可分割的联系。

1. 西方观念对政府公信力的消解

群众对政府的信任，并不仅仅由具体事件发生时的政府行为和事态发展所决定，它同时也受到群众中广泛流行的观念的约束。群众在具体事件上对政府的态度实际是在对政府的整体看法的"语境"中产生的。这种语境的影响就是人们在谈论"塔西佗陷阱"时所常常忽视的一面。

中西文化中对政府的观念大有区别。西方现代国家建立的基石是资本力量对国家机器的俘获，政府本身不是全体国民公共利益的代言人，而是"管理资产阶级共同事务的委员会"。资本与政府之间是一种非常微妙的关系，不管在国内统治还是在国际竞争中，每当资本面临敌人时就需要政府的护航，每当资本占据优势时就希望摆脱政府的束缚。例如，资本在列强竞争时期主张"重商主义"，在霸权扩张时期则主张"自由贸易"；在面对苏东阵营竞争时主张"大政府"和"福利国家"，而在赢得"冷战"主动权之后则主张"新自由主义"和"全球化"；在国内阶级斗争高涨时直接出面接管政府，而在矛盾缓和时期则退居幕后，营造国家公共性的假象。为了能够收放自如地利用政府而又不被政府反噬，资本发明出了一套以个人主义和自由主义为基础的意识形态话语：政府是一种"必要的恶"，需要将"公权力"关进笼子；政府与社会、公权与私权对立了起来；政府最大的危害是对自由的约束，而自由又是一种个人本位的权利，于是人与政府之间被塑造成了一种以矛盾性为主的关系。

　　而中国现代国家建构的基石是三大传统：5000年的文明传统、百余年的自强传统和70年的社会主义革命与建设传统。这意味着国家和政府在中国人的心目中有着与西方文化中截然不同的地位：首先，文明传统是各兄弟民族不断融合成命运共同体的过程，这个过程需要统一而有效的国家来为"斯土斯民"提供普遍的秩序、安全和福利；其次，近代自强传统是要应对三千年未有之变局，避免亡国灭种的厄运，也需要高度凝聚和强大的国家来实现社会的组织化；最后，新中国的使命是要建设人民的国家、实现社会主义现代化和中华民族的伟大复兴。无论从中国传统政治思想还是从共产主义理想信念来看，社会都不是个体本位的。特别是在这个人民的共和国中，个人利益永远不能压倒人民的整体利益，政府是公共性的代表，其目的是克服任何个体或集团企图凌驾和俘获社会整体利益的挑战。在中国文化中，更强调个人、社会和国家的统一性而非对立性。

　　中西两种政府观念背后还有着一个更宏大的历史背景：西方国家是产生于一个长期战乱竞争的国际关系体系，是封建式社会结构的现代版本；中国国家则是产生于中国人所知地理范围的天下一统，是一个"世界"而非"国家"。因而西方的政府只是代表社会一部分的利益，而中国的政府则往往被视为公天下的代表。

由于这种差异，西方的意识形态话语对中国社会有着巨大的破坏性。这套话语自改革开放以来传播到中国社会的各个角落，不仅充斥着大众传媒、通俗读物、网络空间、大学课堂、文艺作品，而且也正在渗入我们的基础教育乃至官方话语之中，甚至在某种程度上，成了一种社会上广为认可的政治正确，连部分党员和领导干部都不敢正面抵制，有些还随波逐流，所谓"两面人"和"开明绅士"现象，就是根源于此。

举例来说，比如西方话语强调政府与社会之区别，"社会的"通常就是"好的"，所谓"非政府组织""公民社会"等似乎天然就是正义的代表。事实上这里发生了一个概念偷换：在中国文化中，社会通常指的是人民的整体，而在西方话语中的所谓"公民社会"之类，实际上背后往往是企业和利益集团（甚至是外国政府）的力量。但是，在这种观念影响下，群众对于重大事件中"私"的一方，往往会产生天然的同情。

再比如，西方话语过度强调对"公权力"的约束，却全然不提强大有效的公权力是任何形式的政治共同体存在的必要条件，公权力所提供的安全、秩序、基础设施和统一市场等"公共产品"是人类生活须臾不可离的。西方话语讨论的所谓"暴政"，更多的是指向政府的压制，却回避了市场和资本的暴政，事实上只有人民的、公共性的政府才能保护人民免于这种暴政。在大数据、人工智能兴起的新科技时代，这一点变得格外重要。然而，在西方话语的影响下，群众对公权力容易产生一种先验的不信任。

又比如，西方话语崇尚权力的分立和制衡，认为只有如此才能克服腐败。但是一个简单的事实就可以颠覆这种观点：在几乎所有的体育比赛中，采用的都是场外监督而非运动员互相制衡的规则，究其原因就是运动员之间有可能形成共谋，影响比赛的公平。一场简单明了的比赛尚且如此，凭什么相信在复杂的政治生活中，靠三权分立就可以保证公正廉洁？中国古代传统和中国共产党的传统强调专门的监督力量和政党自律机制的作用。可是在西方话语的影响下，高效的反腐行动有时却得不到群众的理解，被认为是"运动式反腐"，缺乏"制度性反腐"云云。

又比如，西方话语极其强调"法治"，总是以之来批评中国的"人治"。实际上，在人类社会中，"法"从来都不会

"治"，总是靠人来运用法，问题的关键是谁来治、拿谁的法来治。法的功能主要是解决权力和利益的分配问题，是对现有权力和利益格局的认可，因而法可以作为一个国家的"治统"，却不可能成为"道统"，因为一个国家存在的根本理由和目的是由人民的根本利益和意志决定的。从这个角度讲，法治与民主是存在矛盾的。西方的所谓"法治"，实际上变成了立法者、执法者、司法者和律师之治，这是如假包换的"人治"。可是，在西方话语的影响下，由广泛代表人民根本利益的中国共产党做出的一些促进社会公平正义的行动，却被部分群众视作不符合"法治精神"，从而导致公信力受损。因而中国要大力发展的是社会主义法治，而不是不加检讨的、西方式的"法治"。

这样的例子还可以举出很多。西方话语与中国的国家性质和政治文化有着根本性的矛盾，如果任其蔓延，政府的公信力将受损，甚至积重难返。事实上，西方话语不只是对中国有破坏性，西方国家本身也深受其害。这套以个人主义、自由主义和多元主义为价值基石的话语，在西方国家也产生了巨大的"逆共同体"效应，导致共识沦丧、制度僵化、社会分裂、文化堕落，如果照此下去，有可能导致西方社会的解体崩溃。过去几十年间，无非是由于西方在经济上的优势地位，使这些矛盾得以掩盖，随着西方经济衰退和新经济体的崛起，这些问题已经在欧美各国日益暴露出来。

2. 通过话语建构重建鱼水共识

既然政府公信力问题有两方面的原因，那么解决方案自然也是要双管齐下，一方面，各级政府要牢固树立"立党为公，执政为民"的信念，真心真意为人民服务；另一方面，也要消除西方话语给群众带来的思想混乱，通过中国特色社会主义价值话语的建构来统一思想，铸就共识。

首先，应该加强马克思主义入脑入心的宣传。现代西方意识形态在很大程度上是以马克思主义为参照系和假想敌建立起来的，那么反诸其道，马克思主义显然也是破解西方话语最有效的武器。毋庸讳言，在"冷战"结束以来的20多年中，西方话语似乎占了上风，我们的马克思主义理论建设和宣传工作效果不够理想，这也是客观条件所致。现在西方自身面临深刻危机，自由主义意识形态在欧美各国本身已经面临公信力危机，这是打好马克思主义反击战的最佳战略时机。

其次，应该加强中国特色文化的建构。在中国传统中，官是"父母官"，兵是"子弟兵"，国家是"天下为公"。当然在地主阶级统治的历代王朝，这只是一种浪漫化的想象，但是至少体现了家国一体、官民一体和中华民族命运共同体的价值追求，这一点是与西方很不同的。今天我们强调"文化自信"，就是要从中国的文化中提炼总结出进步的、高级的、积极的观念，使之既能实事求是、名实相副地反映中国人的现实生活，又能引导中国人凝聚共识、齐心协力，追求更美好的生活、更完善的制度，实现十九大报告中展望的"天下为公"的理想境界。

再次，系统辨析并清理过去多年来渗透到中国社会的西方话语和在商品经济中产生的大量复杂的思想观念。类似自由、法治、民主、人权、言论自由、公开透明、"公民社会"等这样的概念，初看没什么问题，甚至在一定程度上成了"政治正确"，实际上它们有着复杂的内涵，需要加以深入分析和明确界定，切不可囫囵吞枣般地视之为"好东西"。对待话语问题，切忌"乡愿"式的含糊态度，一定要帮助群众"正名"。

通过这些努力，相信可以改善政府的公信力。对中国人的政治智慧而言，破解"塔西佗陷阱"不是难事，只要政府和群众相向而行，力往一处使，就能克服西方政治文化的冲突性、博弈性困境，营造出一种和谐互信的积极氛围。这一切都离不开话语工作者的努力。

（范勇鹏）

如何讲好中国故事

　　中国崛起是人类历史上的奇迹，从来没有如此多的人在如此短的时间内改变了自己的命运。这种奇迹是中国人民在中国共产党的领导下实现的，是中国人民沿着中国特色社会主义道路不断探索和奋斗所取得的，所以中国的政治故事理应是世界上最精彩的故事。然而，事情并不那么简单。首先是来自外部的挑战，特别是西方话语对中国的围剿从未停止，西方在某种意义上对中国软实力的崛起更为恐惧，因为这可能终结西方几个世纪以来所建构的西方制度神话和话语霸权。

　　此外，中国还面临来自内部的挑战：许多官员和学者缺乏真正的"四个自信"；我们讲政治家办报、政治家办校、政治家办媒体，但这样的政治家还是太少；不少官员还存有"党八股"的问题，话语没有亲和力和说服力；不少学者还存有

"洋八股"的问题，言必称希腊，结果既读不懂中国，也读不懂世界；新社交媒体则广泛存有"媚俗"的问题。这些都妨碍我们讲好中国政治故事。另外，具有思想穿透力的思辨和话语不足，这也是讲好中国政治故事的难处所在。除了官方话语以外，我们的其他话语，如学术话语、大众话语、国际话语等，也满足不了讲好中国政治故事的需求。总之，我们话语建设的进程还明显落后于我们国家崛起的规模和速度。

　　然而，我们不用悲观，因为中国的迅速崛起已经震撼了世界，它是一个世界人民都能感受到的实实在在的存在，外部世界对于中国崛起及其政治叙述的需求越来越大，我们需要做的是增加高质量的供给。某种意义上，这也是一种供给侧结构性改革。我们有理由相信，随着我们把中国话语建设的工作做实做透，最终我们讲好中国政治故事的能力一定能够跟上中国崛起的步伐，从而为中国成为社会主义现代化一流强国做好完整的话语准备。

　　讲好中国政治故事，很大程度上取决于我们能否真正地解构西方话语，特别是西方话语对中国的主流叙述，并确立我们自己对中国的政治叙述。这种叙述不能只是官方话语或官方话语的简单重复，它应该是一种能够融官方话语、学术话语、大众话语和国际话语为一体的新话语，一种真正能够广为传播、入脑入心的话语。我们应该破字当头，立在其中，在解构西方政治话语和话语霸权的同时，推进中国新政治话语的建构。在这一进程中，下面五点尤为重要。

1. 范式转换

对于西方话语下的中国政治主流叙述，我们要有一个总体把握，并力求从根子上对其进行釜底抽薪式的解构。长期以来，西方对中国的主流政治叙述基于一个极其浅薄而又充满偏见的分析范式，即所谓的"民主还是专制"的话语范式，而什么是民主，什么是专制，只能由西方一家界定。他们把西方实行的那种多党制和普选制界定为民主制度和"普世价值"，认为唯有采用这种模式，中国才能成为一个正常国家，才能被西方为首的所谓"国际社会"所接受。在这种话语主导下，中国政治制度被描绘成"专制的"，是民主制度的对立物。正因为如此，西方可以不停地质疑：中国什么时候进行政治改革？只要你不接受西方的这种政治逻辑，你就是支持专制。只要你不向西方政治模式靠拢，你就是没有进行政治改革。西方媒体人也可以在不屑学习中文、不屑在中国做真正的社会调查的情况下，就武断地批评中国政治制度的一切，指责中国的人权纪录，预测中国将要崩溃，等等。

这种"民主还是专制"的分析范式其实早已成为西方策动颜色革命，颠覆非西方政权的意识形态工具。这种话语虽然可以蛊惑一部分人，甚至在不少国家造成了政权更迭，但今天随着颜色革命的褪色，随着"阿拉伯之春"变成"阿拉伯之冬"，随着西方人民自己也意识到西方政治模式出现了越来越多的问题，世界范围内很多人已经开始反思甚至质疑西方政治模式及其话语范式。

我第一次在国际场合推出关于这个问题的主要见解是2008年底，当时我在印度考察和演讲。那年11月在孟买发生了一次大规模的恐怖主义袭击，但印度的反恐精锐部队，花了9个小时才抵达袭击现场。我在德里大学做中国发展模式的讲座，互动时一位印度学者问我："如果中国碰到这样的恐怖主义袭击会怎样应对？"我说："中国迄今为止还没有碰到这么大规模的恐怖主义袭击，所以不好说，但我可以谈一件事：2008年5月，中国汶川发生了特大地震，震中在中国中部山区，远离国家的经济和金融中心，但我们的军队在20分钟内就启动了救灾机制，我们的领导人在2小时之内，就坐在飞往灾区的飞机上了，我们的医疗队3天内就覆盖了所有1000多个受灾的乡镇，直接救助2000多万灾民。"这位印度学者追问："您是不是想证明'专制'比'民主'更有效率？"我说："您错了，不是'专制'比'民主'更有效率，而是'良政'比'劣政'更有效率。中国发展模式的成功证明：不管什么政治制度，最后一定要落实到'良政'才行，落实到中国人讲的'励精图治''良政善治'才行。'良政'可以是西方政治制度，也可以是非西方的政治制度；'劣政'也可以是西方政治制度，如海地、伊拉克、菲律宾等，也可以是非西方政治制度，如缅甸。"我回答完，会议厅内一阵沉默，会议主席说："看来我们印度人也需要反思。"

现在"良政还是劣政"这个分析范式已经为不少西方有影响的人士所接受。例如，21世纪理事会主席尼古拉斯·伯格鲁恩（Nicolas Berggruen）和《世界邮报》（*World Post*）主编内森·加德尔斯（Nathan Gardels）在他们合著的《智慧治理：21世纪东西方之间的中庸之道》（*Intelligent Governance for the 21st Century: A Middle Way between West and East*）一书中就明确赞赏这个范式。畅销书《超级版图：全球供应链、超级城市与新商业文明的崛起》（*Connectography: Mapping the Future of Global Civilization*）的作者、全球战略家帕拉格·康纳（Parag Khanna）也肯定这个范式。香港-亚太经合组织贸易政策集团执行董事戴维·多德韦尔（David Dodwell）在《南华早报》撰文表示认可这个范式。我于2017年11月在荷兰参加奈克萨斯思想者大会（NEXUS Conference）中再次提出这个观点，赢得很多掌声。

我还把这个新范式与民主话语联系在一起来进行阐述。我提出，我们非常欢迎与西方讨论民主问题，但这种讨论可以这样进行：我们不妨先问西方如何界定民主，如果他们认为这个概念只能是多党制+普选制，我们就应该实事求是地指出，你们讲的这种民主最多只是形式民主的一种，不具有普世性。我们更愿意首先讨论实质民主，即形式民主所要达到的目标。形式民主不等于实质民主，就像形式正义并不等于实质正义，就像参加了考试并不等于取得了好成绩。

如果西方坚持民主只能是西方界定的形式民主，而且用"民主还是专制"这种分析框架来套中国，我们则可以明确地告诉他们，这个范式早就过时了，我们需要使用"良政还是劣政"的新范式，"良政"本质上就是"实质民主"，即民主所要实现的目标。这样我们就把"良政还是劣政"的新范式与民主话语结合起来了。我们可以从追求良政，即追求实质民主出发，来介绍中国治国理政的大量经验和做法，来探讨各个国家如何根据自己的民情、国情所进行的民主制度的探索和实践，并在这个过程中互相交流经验、取长补短，共创更为优良的国家治理模式。这种范式转换对讲好中国政治故事、政党故事和治国理政很有帮助。它既可以是正面的较为详尽的理论论述，也可以是互动或辩论中"短平快"的利器，让人一下子化被动为主动，产生"一步好棋，全盘皆活"的良好效果。

2. 跨国比较

中国的政治故事要在国际比较中才能讲得更清楚。我们可以把重点放在制度绩效的国际比较上。我常用的比较方法是把世界上的国家分成三大类：第一类是发展中国家，第二类是转型经济国家，第三类是西方国家。然后把过去40年中国的制度绩效与这三类国家的制度绩效进行比较，从而得出一些经得起检验的结论。之所以把重点放在过去40年，这不是否定新中国的前30年，而是客观地指出，中国模式主要是在过去40年中走向成熟的（前30年是打基础和做探索，后40

年是在探索中逐步走向成熟）。

　　与发展中国家相比，中国政治制度所取得的成绩超过了其他发展中国家的总和，因为发展中国家最大的挑战都是消除贫困。过去30多年，按照联合国的统计，世界贫困的80%左右是在中国消除的。以我多国的实地考察，我认为从国际比较来实事求是地看，不应光看现金收入，而是看收入加财产。因为中国是社会主义国家，是世界上为数不多经历过土地改革的国家，我们的农民有地、有房子，所以如果我们把这些都算进去的话，我们贫困地区的很多农民，如果到印度或者埃及去的话，怎么都属于中产阶层。

　　其次是与转型经济国家比，特别是苏联、东欧、中亚一些社会主义国家进行比较。基本结论也是一样的，就是说，我们整体取得的成绩超过这些国家成绩的总和，我们光是外汇储备就超过了这些国家国内生产总值之和。改革开放前，苏联经济规模比我们大，现在俄罗斯的经济规模只相当于一个广东省，而且俄罗斯的产业结构和苏联时期相比，没有太大的变化，主要还是能源和军工，而中国从无到有，从弱到强，形成了大量的新兴产业。俄罗斯的人均寿命比中国低，恩格尔系数比中国高。现在与中东欧"16+1合作"的势头也很好，背后是这些国家期待中国的资金、技术和市场。

第三是与西方国家比较。实际上有很多地方我们走在西方的前面了。就拿人口和美国一样多的中国发达板块与美国比，以上海和纽约为例，这两个城市都属于各自国家的发达板块，上海的硬件已经全面超越纽约了，无论是机场、港口、码头、高铁、地铁，完全是不同时代的作品了。软件方面也可以比：上海百姓的家庭中位净资产比纽约高；上海的人均寿命比纽约高四岁；上海的城市治安比纽约好很多；上海的婴儿死亡率比纽约低。实际上，我们整个发达板块，人口已经与美国相当，完全可以和西方国家比一比。今天的中国确实没有必要仰视西方了，我们应该平视西方，确立我们自己的道路自信。

另外，我们也可以直接进行政治制度内容的比较。例如，我把中国的"选贤任能"的制度和西方所谓的大众选举制度进行比较，正如在前文指出的，在许多西方国家里，西方民主制度早已演变成一种"游戏民主"，政客所做的承诺无须兑现，只要有助于打胜选战就行。这种没有"选贤任能"理念的"游戏民主"所产生的领导人能说会道者居多，真才实干者极少。我也曾把中国制定五年计划的民主决策过程，即新型的民主集中制，与美国奥巴马医改方案的决策过程进行比较，得出结论：中国政府决策过程的合法性和决策的总体质量远在美国政府的决策之上。

　　横向的国际比较对于中国人也好，对于外国人也好，都更有说服力。坦率地说，中国模式并非十全十美，但在国际比较中明显胜出。2013年，美国的著名时事评论家法里德·扎卡利亚（Fareed Zakaria）曾在一个国际会议上对我提了一个颇为尖锐的问题："除了中国以外的几乎所有亚洲国家都采用了西方制度，你为什么说西方民主制度不适合中国？"我说："这个问题很简单，因为过去30多年里，中国所取得的成绩超越了其他亚洲国家成绩的总和，背后是中国的制度比较成功。所以我们是制度自信，我们欢迎制度竞争，包括和美国制度的竞争。"

3. 文化叙事

　　中国政治故事通过文化传统的叙述来进行，往往会更具说服力。把中国政治选择背后深厚的文化底蕴揭示和呈现出来，既有利于我们更好地确立"四个自信"，也是讲好中国政治故事所迫切需要的态度。这也正好印证了习近平总书记所说的文化自信是"更基本、更广泛、更深厚的自信"。从传播效果来说，这比单纯从政治或者意识形态的角度讲中国政治故事更容易为多数人所接受。例如，对于西方诟病最多的所谓一党执政，我们可以从中国的政治文化传承来介绍：中国是个超大型的文明型国家，是一个"百国之和"的国家，也就是成百上千的国家在历史上慢慢整合起来的国家。自秦始皇统一中国以来，中国的政治文化就形成了统一执政集团的传统，否则国家就可能四分五裂，而反对国家分裂又几乎一直是中国政治文化最重要的传统之一。辛亥革命后中国曾经尝试西方的多党制，但国家很快陷入了四分五裂、军阀混战的局面。中国共产党还是中国历史上大一统这种政治文化传统的延续和发展，也是马克思列宁主义政党传统的继承和发展。

习近平总书记在十九大报告中有一段很精彩的话："中国特色社会主义制度的最大优势是中国共产党领导"，中国共产党"深刻改变了近代以后中华民族发展的方向和进程，深刻改变了中国人民和中华民族的前途和命运，深刻改变了世界发展的趋势和格局"。[31]今天的中国共产党应该是世界上组织规模最大、组织能力最强的政党。中国学习了西方政党的一些有益经验，建立了强大的现代政党体系，但同时又拥有独特的政治文化传统，两者的结合使我们可以超越西方政党模式及其带来的民粹主义、短视主义、法条主义等严重问题。当然，我们执政党自身建设还存有不少问题，我们需要通过"从严治党"来不断提高党的领导水平和执政水平，确保党继续是中华民族伟大复兴的坚强领导核心。

我们还可以从政治文化角度出发来比较中国共产党与西方模式下的政党，西方的政党大都是公开的"部分利益党"（西方多数政党自己对此也不否认），而中国共产党是代表人民整体利益的"整体利益党"。西方模式下的政党大都是竞选党，不对自己民族的整体利益承担终极责任。相比之下，中国的执政党须对中华文明的兴衰承担终极责任。习近平总书记说"中国是一个大国，决不能在根本性问题上出现颠覆性错误"，[32]讲的就是这个道理。如果出现了"颠覆性"的错误，任何国家都没有能力帮助中国恢复平衡。

中国政治叙述也可以从中国"民本主义"的政治文化传统来阐发。中国共产党以全心全意为人民服务为根本宗旨，以立党为公、执政为民为执政理念，在发展问题上始终坚持发展为了人民、发展依靠人民、发展成果由人民共享。从制定现代化建设"三步走"战略，到提出努力实现"两个一百年"奋斗目标和中华民族伟大复兴的中国梦，很大程度上都反映了中国民本主义的历史文化传承，特别是"民惟邦本，本固邦宁"的理念和实践。中国民本主义文化传承拒绝政治机器空转（这是西方政治模式的最大弊病之一），政治必须落实到改善民生，而且随着时代的发展，民生的改善不仅包括物质生活的改善，也包括精神生活和人权的改善。正因为中国共产党与人民在一起，中国的现代化是为人民服务的现代化，它激发了人民的积极性、主动性和创造性，带来了人民幸福感的提升，所以中国特色社会主义道路越走越宽广，对外部世界也越来越具有吸引力。

同样，介绍中国今天的干部选贤任能制度，也可以从中国政治文化传统的视角出发，追溯中国历史上的"察举"制度和"科举"制度的传统。中国今天的制度安排，既有继承中国自己文化传承的一面，也有与时俱进、改革创新的一面。在讨论中国模式中政府和市场作用关系的时候，我们也可以从中国政治文化传统的角度出发，指出中国政府在经济活动中的作用可以追溯到4000多年前的大禹治水，追溯到2000多年前的《盐铁论》。在政治力量、社会力量、资本力量三者的关系中，我们也可以追溯中国社会主义的本土文化基因，如中国历史上节制资本的传统等。从中国政治文化传统的视角出发，解释中国政治制度的许多安排，不仅能够更好地帮助我们更为深入地认识中国今天的政治制度，而且也能使我们传统文化的生命力得到更多的张扬。这种生命力既可以激励国人更加热爱自己的祖国及其丰富的文化传统，也更容易打动其他国家的民众。

4. 现代视角

中国的崛起是21世纪最引人注目的大事，尽管西方主流媒体出于意识形态等原因还在竭力诋毁中国，但纸毕竟包不住火，无论走到世界哪个地方，今天都可以感受到中国的崛起：中国的商品、中国的游客、中国的投资几乎无处不在。同样，随着互联网的普及，许多外国人被中国现代化的飞速发展所触动。美国特朗普总统竞选时也一直在谈中国一流的基础设施和美国陈旧的基础设施，多少外国人被中国的"新四大发明"（高铁、电商、移动支付、共享经济）所震惊。中国在移动互联网方面已经明显领先西方，"一部手机，全部搞定"，只有在中国才真正实现了。从中国今天的许多领先西方的现代化成就出发，揭示这些成功与中国政治制度的联系，

能使中国故事更具说服力、传播力和感染力。这一点对于年
轻人效果特别好，年轻人几乎天然地追求新事物，而最新的
事物在中国井喷式地涌现即揭示和阐述了这一切背后的政治
原因，往往能够产生非常好的效果。

我曾在不同的国际场合，以中国互联网发展模式为例，
介绍中国治国理政的经验。我说，西方国家把互联网变成一
种政治工具，以信息自由和言论自由的名义，对别国进行
"政权更迭"，结果造成了"阿拉伯之春"和随之而来的"阿
拉伯之冬"以及欧洲难民危机，难民危机又加深了欧洲内部
的各种矛盾和民粹主义，最终是搬起石头砸自己的脚。某种
意义上，新社交媒体已开始颠覆西方自己的政治生态，英国
公投脱欧和美国特朗普当选都是很好的例子。

与此相反，中国互联网治理的总方针是民本主义导向，
正如习近平总书记所说，"要适应人民期待和需求，加快信息
化服务普及，降低应用成本，为老百姓提供用得上、用得起、
用得好的信息服务，让亿万人民在共享互联网发展成果上有
更多获得感"，"新技术是人类文明发展的成果，只要有利于
提高我国社会生产力水平、有利于改善人民生活，我们都不
拒绝"。[33]让人民享受到互联网等新技术革命带来的实实在在

的各种便利，是中国新时代互联网治理的一条重要理念和经验，正是在这种民本主义模式指导下，中国的电子商务获得了飞速发展：十年前中国电商交易额还不到全球总额的1%，如今占比已超40%，超过英、美、日、法、德五国总和。阿里巴巴一家公司"双十一"一天的电子商务额就超过印度一年的电子商务额。中国今天的移动支付已是美国的60倍。

网约车在中国合法化也可以说明中国治国理政中协商民主和供给侧结构性改革。网约车，如优步打车，在许多西方国家都被禁止，因为它对传统出租车行业产生了强烈冲击，这种矛盾在西方国家最后几乎都是通过打官司来解决，而西方的法律制度一般都是维护既得利益的，传统出租车行业通过打官司击败优步是大概率事件。中国的情况则不一样，中国是通过协商民主来解决这一类问题。滴滴公司在人大和政协不一定有代表，但中国共产党要"走出去，请进来"，通过协商民主，与有关各方进行沟通和协商，找到各方利益的最大公约数，因为中国共产党要代表最广大人民的根本利益和先进生产力的发展要求。

此外，中国模式大力推动经济结构调整，如当前的供给侧结构性改革。中国社会对于更为个性化的出行需求巨大，网约车可以提供这种供给，中国最终是通过协商民主的途径，使中国成为世界上第一个实现了网约车合法化的国家。至于网约车还可能产生的矛盾，中国模式的特点是在发展中解决问题，这种"先肯定，再改进"的方法本身也是中国治国理政的一条重要经验。

换言之，随着全球化和网络化的深入，随着每年上亿人次走出国门，随着"一带一路"倡议的不断推进，越来越多的外国民众开始了解中国现代化跨越式发展所取得的巨大成就，这些成就往往最能打动外国的普通民众，特别是年轻一代，他们和中国年轻人一样，是拥抱互联网的一代，他们比老一代更开放，更愿意了解一个真正的中国。中国的"新四大发明"对外部世界已经产生了巨大的震撼。我们通过研究，把这些现代化跨越式成就背后的政治道理讲清楚、讲透彻，无疑是更好地讲好中国政治故事的一个有效途径。

5. 中国标准，国际表述

制度竞争也好，话语竞争也好，说到底，标准竞争是关键。标准竞争有三种方法：一是追随者方法，即采用别人的标准，跟在别人后面走；二是参与者方法，即参与别人标准的制定；三是领导者方法，就是自己制定标准来影响别人，最终让人家按照你的标准来做。在国际话语舞台上，西方一贯奉行领导者战略，在全球范围内推动西方的政治标准。中国崛起背后是自己一整套行之有效的思路和方法，我们有必要对这些思路和方法进行提炼，使之逐步成为可以进行跨国比较的国际标准。随着中国特色社会主义进入由富起来到强起来的新时代，这也应该是"中国标准"崛起的新时代。

我们要善于通过原创性研究，把中国成功的经验提炼成国际社会能够理解的话语，其中核心概念的提炼和表述最为重要。例如，可以把西方政治制度的最大特征概括为"选举"（election，多数西方人也会同意这种概括），然后与此相对照，把中国政治制度的主要特征概括为"选拔+选举"（selection+election），并根据两种模式绩效的对比，提出以"选举"为主的社会将竞争不过把"选拔"和"选举"结合起来的社会。可以把西方民主模式下的治国理政概括为日益民粹化的模式（即所谓跟着"民意"走的模式），而把中国治国理政的经验概括为"民意"与"民心"（即代表人民整体和长远利益）的结合，并提出以"民意"治国的国家将竞争不过把"民意"和"民心"结合起来的国家。可以把经济领域内的新自由主义概括为"市场原教旨主义",把中国经济发展模式概括为"市场"与"计划"的有机结合,并且认为市场经济一条腿走路的社会,将竞争不过"市场"和"计划"有机结合起来的两条腿走路的社会。可以把西方民主概括为"政体"(即形式民主)主导的制度模式,把中国模式概括为"政道"(即实质民主)与(不断探索)"政体"结合的模式,并提出只关注"政体"的模式将竞争不过把"政道"和"政体"有机结合起来的模式。可以把西方社会概括为以个人利益为核心的社会,提出这种社会将竞争不过能够把个人利益和集体利益有机结合起来的社会。

美国人谈美国政治制度喜欢讨论三权分立,我提出分析现代政治关键要看的不是三权分立(因为立法、司法、行政三权都属于政治领域),而是更大范围内三种力量(政治、社会、资本)的关系是否有利于一个国家绝大多数人的长远和根本利益乃至整个人类的共同利益。美国政治模式面临的最大挑战是三种力量的关系中,资本力量独大,几乎可以完全控制政治领域内的三权,这是美国金融危机和社会危机等诸多问题的根本原因。与此形成鲜明对照的是中国。中国资本力量总体上是受到政治力量和社会力量的某种限制。中国最富的100个人是不可能左右中共中央政治局的，而美国最富的50个人应该足以左右白宫的决策了。资本无祖国，这些年又出现了新现象：今天资本力量要求改善本国政治制度和社会结构的愿望已明显减少，因为通过全球化和网络化，它们最大利润的来源地往往已不是本国，这也是西方面临的一个新的制度困境。

相比之下，中国政治力量总体上还是保证了弱势群体生活水平的大幅提高，中国社会力量延续中国平民主义的传统，社会主流几乎也一直倾向于节制资本。三种力量的这种平衡格局应该是中国得以避免美国式金融危机和债务危机的主要原因，这可能也是普通百姓的"中国梦"前景已经比"美国梦"的前景更为精彩的主要原因。

从中国经验中可以提炼出三条标准，来评述世界各国的治国理政的能力：第一，一个国家是否具有能够代表人民整体利益的政治力量，中国有，美国等很多西方国家早就没有了；第二，政府的整合能力和改革能力是强还是弱；第三，市场作用与政府作用是否能够较好地结合起来。这三条标准可以用来衡量一个国家的综合竞争能力及其未来前景。

　　总之，只要我们从以上讨论的五个层面（"范式转换""跨国比较""文化叙事""现代视角"及"中国标准，国际表述"）着力，我们完全有可能把中国政治故事讲得更透彻、更精彩，从而为丰富人类政治文明提供许多中国智慧。

（张维为）

注　释

1　见 John Lothrop Motley, *The Rise of the Dutch Republic*, vol. Ⅱ, London: F. Warne, 1920, p.277。转引自黄仁宇：《资本主义与二十一世纪》，生活·读书·新知三联书店，1997年，第111页。

2　［美］汉密尔顿、杰伊、麦迪逊：《联邦党人文集》，程逢如、在汉、舒逊译，商务印书馆，2009年，第373页。

3　《马克思恩格斯全集》，第2卷，人民出版社，2009年，第33页。

4　［美］布鲁斯·阿克曼：《美利坚共和国的衰落》，田雷译，中国政法大学出版社，2016年，第202页。

5　［美］罗伯特·达尔：《美国宪法的民主批判》，钱镇译，中国人民大学出版社，2015年。

6　［美］布尔斯廷：《美国人：建国的历程》，谢延光等译，上海译文出版社，2012年，第528页。

7　［法］托克维尔：《论美国的民主》（上卷），董果良译，商务印书馆，2013年，第394页。

8　范勇鹏：《美国政治僵局：腠理之疾还是制度绝症？》，载《当代世界》，2015年第7期。

9　老子的"天道"、孔子的"讥世卿"、庄子的"物无贵贱"、墨子的"兼爱"、法家的"不别亲疏，不殊贵贱"等，反映出先秦百家对走出贵族政治、实现人的身份平等的普遍诉求。

10　乔姆斯基曾说："在刚刚过去的一千年间，战争一直是欧洲各国最主要的活动。"见［美］诺姆·乔姆斯基：《霸权还是生存：美国对全球统治的追求》，张鲲译，上海译文出版社，2006年，第66页。

11　例如威尼斯就是此类典型，"它的政府就是一个股份公司。它的统领就是它的总经理。而参议院，就是它的董事会。它的人口，就是它的股份持有人"。见James Westfall Thompson, *Economic and Social History of Europe in the Later Middle Ages*, New York: F. Ungar Pub. Co., 1966, p.243。转引自黄仁宇：《资本主义与二十一世纪》，第59页。

12　此观点主要参见［法］托马斯·皮凯蒂：《二十一世纪资本论》，巴曙松等译，中信出版社，2014年。

13　参见［法］托马斯·皮凯蒂：《二十一世纪资本论》，巴曙松等译。

14　Francis Fukuyama, *The Origins of Political Order: From Prehuman Times to the French Revolution*, 1st ed., New York: Farrar, Straus and Giroux, 2011, Chapter 30.

15　罗思义、杨光斌：《美国某种意义上还是"封建制"》，载《环球时报》，2017年10月9日。

16　［美］塞缪尔·亨廷顿：《文明的冲突与世界秩序的重建》，周琪等译，新华出版社，2010年，第22页。

17 参见日知主编：《古代城邦史研究》，人民出版社，1989年，第80—83页。

18 据福山观点，发生这种倒退主要是由于安全境况的恶化。罗马崩溃后的欧洲苦于各种外部入侵，迫切需要安全保护，但传统的血缘群体被严重破坏，无法复原，所以才建立了新的以服务换保护的封建制度。参见 Francis Fukuyama, *The Origins of Political Order*, 1st ed., p.213. 所以封建制度就是欧洲国家建构过程中的一次"再世袭化"现象。

19 伍德认为："如果没有英国的资本主义，那么就不会出现任何种类、任何形式的资本主义制度。具体而言，源自英国的竞争压力，迫使其他所有国家都沿着资本主义道路推动本国的经济发展。"〔加〕艾伦·米克辛斯·伍德：《资本主义的起源》，夏璐译，中国人民大学出版社，2016年。

20 美国的文化战争和文化堕落，参见 James Patterson, *Restless Giant*, New York: Oxford University Press, 2005, Chapter 8。

21 《邓小平文选》，第3卷，第311页。

22 《庆祝中国共产党成立95周年大会上的讲话》，载新华网，2016年7月4日。

23 《邓小平文选》，第3卷，第213页。

24 《习近平：在庆祝全国人民代表大会成立60周年大会上的讲话》，载新华网，2014年9月6日。

25 Zhang Weiwei, "Meritocracy vs. Democracy", *New York Times*, November 9, 2012.

26 《邓小平文选》，第3卷，第380页。

27 同上，第365页。

28 （三国）诸葛亮：《诸葛亮集·便宜十六策·举措》，中华书局，1960年，第65页。

29 （唐）吴兢撰：《贞观政要·崇儒学》，上海古籍出版社，1978年，第219页。

30　梁晨、李中清等：《无声的革命：北京大学、苏州大学学生社会来源研究（1949—2002）》，生活·读书·新知三联书店，2013年，第95—142页。

31　《在庆祝中国共产党成立95周年大会上的讲话》，载新华网，2016年7月1日。

32　《习近平在亚太经合组织工商领导人峰会上的演讲（全文）》，载新华网，2013年10月8日。

33　《习近平：在网络安全和信息化工作座谈会上的讲话》，载新华网，2016年4月19日。

第三部分

马克思主义中国化与中国特色社会主义的优势

（吴新文）

经过中华人民共和国成立70年，特别是改革开放40年的发展，中国特色社会主义已经发展成为由道路、理论、制度和文化所构成的统一体。世界上越来越多的人，不管是持赞成、反对还是中立态度，都承认中国社会主义是一种有别于西方资本主义或世界其他发展中国家的运作和发展模式，且日趋稳定、成熟和定型。

中国特色社会主义模式（下文简称"中国模式"）是在中国革命、建设和改革开放的历史进程中形成和发展起来的，它与马克思主义中国化的进程是互为表里、相辅相成的，中国模式的成功离不开马克思主义中国化的不断推进。马克思主义中国化是一个肇始于20世纪30年代且至今仍在持续的历史进程。在此过程中，以毛泽东、邓小平、江泽民、胡锦涛、习近平为代表的中国共产党人，与时俱进，把马克思主义基本原理与中国革命、建设和改革发展的实践，与中华优秀传统文化相结合，并吸收人类文明的其他有益成果，不断综合、创造、升华，形成新的理论创新成果，并用以指导中国的实践。在此意义上，马克思主义中国化是在文明论层面综合创新、再造文明的思想理论筹划，中国模式就是其产生的主要文明成果。本章旨在理解中国模式的基础上分析马克思主义中国化得以展开的近代中国社会主义思潮背景，研究中国化马克思主义的三个时期，即立国建制时期、兴国改制时期、强国定制时期理论创新的不同主题、时代任务、取得的主要成果及其特点，进而揭示中国模式成功的奥秘以及未来需要努力的方向。

一、世界格局中的中国模式

自20世纪80年代末90年代初苏东剧变以来，世界上很多社会主义国家都已改变颜色，除中国之外的硕果仅存的几个社会主义国家，为应对国内外挑战，或追求实现"转型"，或急于寻求"外援"，或独自苦苦支撑；与此相应，一些国家的共产党或改名，或衰败，或瓦解。世界社会主义运动总体上仍然处于低潮状态。

社会主义阵营出现如此状况，西方资本主义世界又表现如何呢？1989年柏林墙倒塌时，大多数西方知识界和政界精英一片欢腾，认为这标志着西方"自由世界"（the Free

World）或"文明世界"（the Civilized World）终于取得了对共产主义阵营的"冷战"胜利，历史终结了，人类从此将进入一个由自由民主的资本主义所主导的"千年福"王国。然而好景不长，2001年美国发动所谓反恐战争以来，特别是2008年西方金融危机以来，西方资本主义世界的长期结构性问题开始暴露，次贷危机、债务危机、难民危机、选举民主危机、民粹主义危机、经济全球化危机等接踵而至，西方各国纷纷寻求退守、自保，在"美国优先""爱国主义""公正贸易""欧洲价值"等旗号下，建起一道道有形或无形的保护主义高墙。柏林墙倒塌才30年，以前急于"推墙"的西方世界自己却开始"建墙"了，这无疑是颇具讽刺意味的。

　　然而，改革开放40年来中国的持续稳定快速发展，与其他社会主义国家的蜕变瓦解和西方资本主义世界的停滞衰败形成了鲜明的对照。在经受了1989年政治风波和西方资本主义国家对中国的制裁、打压、遏制之后，中国迅速走上了发展的快车道，从2006年起在经济总量上连续超过意大利、法国、英国、德国、日本等资本主义国家。2014年，按购买力平价计算，中国经济总量超过美国。2017年，中国经济总量已达82万亿人民币，超过12万亿美元，在名义GDP上已与美国的GDP越来越接近，并把其他资本主义发达国家远远甩在身后。

目前中国已成为世界最大贸易国、最大外汇储备国、最大制造业大国、最大消费国、第二大对外直接投资国，形成了世界上最为完整的工业体系和国民经济体系。在全世界500种经济产品中，中国有220多种产品的产量居世界第一，其中粗钢、水泥、煤炭的产量超过世界总产量的50%；中国还是世界上最大的汽车、船舶、高速列车、机器人、隧道、桥梁、高速公路、化纤、机械设备、计算机和手机的生产国；中国的工业专利申请是美国的1.5倍，居全球第一位，中国的科技研发投入正在迅速接近美国，远超其他资本主义发达国家。另外，中国还拥有世界上最大网民群体、最大网络购物群体、最大电影市场、最大航空市场、最大旅游市场。中国的发展态势，正如习近平总书记所说的那样："某些领域正由'跟跑者'向'并行者''领跑者'转变。我国进入了新型工业化、信息化、城镇化、农业现代化同步发展、并联发展、叠加发展的关键期，给自主创新带来了广阔发展空间，提供了前所未有的强劲动力。"[1]当今世界，中国的产品、服务、资本、技术、人员在全球流动，中国已成为经济全球化的重要推动者乃至引领者，近五年中国对世界经济增长的贡献率均超过30%。平心而论，没有中国的参与，世界上的很多问题都不可能解决；缺少了中国，世界也不成其为世界。

随着中国的不断崛起，西方对中国的态度，从早先的无视、低估，变为前几年的震惊、迷惑，进而变为近两年的惊慌、恐惧和气急败坏。2017年，美国和欧盟公然违反世界贸易组织规则，以中国企业受共产党政府支持为名，拒绝承认中国的市场经济体地位，对中国的资本、产品、技术和服务设置了诸多投资和贸易壁垒，并扬言对中国的所谓"不公正贸易行为"进行制裁。2017年，美国特朗普政府联合日本、澳大利亚、印度等国，推出所谓旨在围堵并孤立中国的"自由开放的印太战略"。在新出台的国家安全战略报告中，美国指责中国企图挑战美国的地位、利益和价值观，把中国作为"威权体制""压迫性体制""修正主义国家"，与西方的"自由世界"对立起来。德国宣称中国插手欧洲事务是企图分裂欧洲，澳大利亚指责中国干涉其内政，一些西方智库污蔑中国要走日本20世纪30—40年代的路，企图建立"大东亚共荣圈"。继2016年美国通过反宣传法案，把中国作为美国实行"舆论战""思想战""信息战"的对手之一之后，一些西方传媒大肆渲染中国的所谓"锐实力"（sharp power），扬言中国在利用自身的资金优势"玩弄""操纵""改变"西方的政界人士和知识分子，以达到向西方"渗透"的目的。西方国家的政府、学界和传媒联手，掀起了新一轮敌视、谩骂和抹黑中国的狂潮。

西方已经把中国看作是挑战现行国际秩序、挑战其利益和价值观的真正竞争对手，不敢和中国竞争，急急忙忙要关上和中国竞争的大门，这说明不仅存在中国模式，而且这种模式在很大程度上成功了。这种模式的存在对资本主义世界体系形成了压力，同时也避免了世界社会主义运动的空洞化、碎片化和泡沫化，改变了"后冷战"时代的国际格局，其意义不言自明。

中国模式是由中国特色社会主义政治、经济、文化、社会、生态文明等方面的制度所构成的体系，是当代中国的存在模式、运作模式和发展模式。这个模式的制度核心是中国共产党对国家的全面、集中、统一领导，通过选举产生的各级人民代表大会和通过协商选拔产生的各级政协组合而成的人民民主制度，以公有制为主体、多种所有制经济共同发展、按劳分配和按要素分配有机结合的基本经济制度，以及包括民族区域自治制度、基层群众自治制度等在内的各项区域和基层制度框架。

关于中国特色社会主义模式的性质、构成及其特点，张维为教授已做过较为全面的归纳和分析。[2]这里仅就中国模式的特点及其运作补充说明如下几点：

（1）统合性。在承认多元、多样、多变的基础上强调融合、集中、统一、长远、整体，把"定于一"作为模式运作的关键。

（2）自主性。重视自身的主体性，重视独立自主运作，不照抄照搬别国的制度和模式，反对外部势力干涉，不接受外人颐指气使的说教，反对用别国的标准和价值观评价自身。

（3）实践性。在实践中不断探索、尝试、试验、深化、完善，并逐渐积累，形成模式。在运作中接受实践检验并做出改进、提高和完善。

（4）包容性。不断学习，从各个方面吸收消化对自己有益的新观念、新思想、新经验并进行整合。

（5）文明性。不损人利己或强加于人，模式形成不是建立在对他国侵略扩张的基础上，也不向他国输出自己的模式。

（6）抗压性。模式在外部力量的封锁、孤立、遏制、打压、威胁中形成，在自身的忧患和危机意识中发展，具有较强的抗压性和应对危机挑战的能力。

（7）超越性。基于不同发展阶段不断超越自身，并在与其他模式的竞争中超越它们。

除了上述特点外，中国模式的一个重要特点是强调（8）持续性，强调一届接着一届、一代接着一代干。这种持续性明显体现在从1982年中共十二大到2017年中共十九大报告的主题递进中，特列举如下。

1982年中共十二大：全面开创社会主义现代化建设的新局面；

1987年中共十三大：沿着有中国特色的社会主义道路前进；

1992年中共十四大：加快改革开放和现代化建设步伐，夺取有中国特色社会主义事业的更大胜利；

1997年中共十五大：高举邓小平理论伟大旗帜，把建设有中国特色社会主义事业全面推向21世纪；

2002年中共十六大：全面建设小康社会，开创中国特色社会主义事业新局面；

2007年中共十七大：高举中国特色社会主义伟大旗帜，为夺取全面建设小康社会新胜利而奋斗；

2012年中共十八大：坚定不移沿着中国特色社会主义道路前进，为全面建成小康社会而奋斗；

2017年中共十九大：决胜全面建成小康社会，夺取新时代中国特色社会主义伟大胜利。

由此可见，中国特色社会主义是改革开放以来历届党中央一以贯之而又与时俱进的主题，是中国共产党领导中国人民所进行的一场仍在持续的接力赛。

中国模式的优越性或优势是在与历史的纵向比较以及与其他模式的横向比较中体现出来的，是当代中国人在自己的生存实践中实实在在体会到的。主要包括：有利于维护国家统一、社会稳定和民族团结；有利于激发并保持党和国家的活力，调动广大人民群众和社会各方面的积极性、主动性、创造性；有利于解放和发展社会生产力，推动经济社会全面发展；有利于维护和促进社会公平正义，逐步实现全体人民共同富裕；有利于集中力量办大事，有效应对前进道路上的各种风险挑战；有利于在制度、文化和人之间保持适当张力，避免陷入制度万能论，为制度革新和改进留下了较为充分的空间。正因为存在这些优越性或优势，中国模式才能够在复杂多变的国内外环境中走到今天，屹立不倒。

在中国模式的上述诸多优越性中，最重要、最本质的优越性在于解放和发展生产力。正如邓小平所说的那样："社会主义制度优越性的根本表现，就是能够允许社会生产力以旧社会所没有的速度迅速发展，使人民不断增长的物质文化生活需要能够逐步得到满足。"[3]时至今日，中国的社会生产力不仅远远超过了中国旧社会，而且在很多方面也超过了世界上发达的资本主义国家，极大地满足了人民群众的物质文化生活需要，而且也向世界市场提供了大量中国产品，这是中国模式优越性的最好例证。

中国模式的上述优越性或优势究竟来源于何处呢？一方面来源于中国共产党领导人民所进行的革命、建设和改革的艰辛探索和实践，来源于中国传统文化的深厚底蕴和优秀传统，适合中国国情；另一方面也来源于19世纪后期开始的中华民族的仁人志士对时代精神、世界潮流和中国人民需要的深刻洞察。中国人民选择走社会主义道路并形成中国模式，用孙中山的话说，就是"顺乎天理，应乎人情，适乎世界之潮流，合乎人群之需要"。[4]

二、马克思主义中国化的社会主义思潮背景

中国模式是中国共产党人在马克思主义不断中国化的基础上形成和发展起来的，而马克思主义中国化绝非毛泽东或其他中国共产党人的一厢情愿，而是从晚清以来各种社会思潮的交锋中脱颖而出的社会主义思潮的基础上酝酿发端的，是水到渠成的事情。

19世纪中后期，帝国主义列强用坚船利炮和廉价商品打开了中国的大门，各种思潮也随之涌入中国，包括自由主义、社会达尔文主义、保守主义、功利主义、科学主义、唯心主义、实证主义、无政府主义、军国主义、社会主义，等等。其中社会主义思潮虽然传入中国略晚，但后来居上，成为19世纪末20世纪初影响最大的几大思潮之一。对此有学者指出："现代中国思想界的风云人物中，提倡或拥护社会主义的大有人在，公开反对社会主义的人则很难找到。"[5]

　　社会主义思潮在清末民初的影响力，要放在19世纪末20世纪初中国和世界广阔的时代背景中来看待。当时西方资本主义已经完成了工业革命并进入帝国主义阶段，资本、科技和产业的结合使资本主义创造了巨大的生产力。但另一方面，资本主义现代性的弊端也日益暴露，劳资冲突、贫富两极分化、机器对人的统治和排斥日益严重，帝国主义国家为争夺殖民地、资源和世界市场，矛盾越发尖锐，直至爆发了第一次世界大战。1929年至1933年的资本主义世界经济危机，更使混乱不堪的资本主义世界体系雪上加霜。马克思和恩格斯在《共产党宣言》中曾经指出："现代的资产阶级社会，连同它的资产阶级的生产和交换关系，连同它的资产阶级的所有制关系，曾经像魔术一样造成了极其庞大的生产交换资料，现在它却像一个魔术士那样不能再对付他自己用符咒呼唤出来的魔鬼了。"[6]这种状况在第一次世界大战至第二次世界大战爆发前的那个历史时期越来越严重，资本主义好勇斗狠、横行霸道、唯利是图、弱肉强食的本性也被大家看得越来越清楚了。

　　正是在这种情况下，西方世界出现了各种试图克服野蛮的、无序的、不人道的资本主义生产和生活方式的社会主义思潮，这些思潮虽然对私有财产制度的态度不一，但都主张生产资料公有制、公共部门国有化，并把这些目标的实现建立在现代工业和现代科技的基础之上。1917年，俄国爆发十月革命，社会主义革命在一国获得成功，对世界社会主义思潮的发展特别是马克思主义的传播起到了巨大的促进作用。社会主义在当时已成为世界潮流和时代潮流，成为最先进的引领人类发展方向的新思想。

西方资本主义世界的动荡、危机和战争，俄国的十月革命，中国人都看在眼里。面对辛亥革命后国家发展的方向问题，中国知识界陷入了痛苦的思考和长时间的争论。在各种方案中，以批判和超越资本主义为核心的社会主义思潮受到了知识精英和社会精英的热捧。孙中山建立中华民国的构想，虽然在政治上采用的是资产阶级共和国的方案，但在经济上却主张"民生主义"，即社会主义，其核心是节制资本和平均地权。这种主张显然受到了社会主义思潮的影响。对于实现民生主义的进路，孙中山指出："盖欲使外国之资本主义以造成中国之社会主义，而调和此人类进化之两种经济能力，使之互相为用，以促进将来世界之文明也。"[7]孙中山的这一思想，与邓小平关于利用资本主义发展社会主义的思想有相通之处。

1920年至1922年，中国知识界和思想界围绕社会主义展开了一场争论，争论的核心问题已经不是社会主义理念或精神是否合理，而是社会主义制度或方法是否适合当时的中国，中国要不要马上实行社会主义，有没有条件或资格实行社会主义，还是先要实行资本主义之后才能达到社会主义。

梁启超对社会主义的态度，典型地体现了当时一部分主张阶级调和的知识分子的矛盾心态。他一方面承认社会主义的精神在中国自古有之，并承认在国民生计问题上，社会主义是现代最有价值的学说；另一方面，他又认为社会主义制度或方法不符合中国国情。"欧洲为什么有社会主义？是由工业革命孕育出来。因为工业组织发达得偏畸，愈发达愈生毒害，社会主义家想种种方法来矫正他，说的都是对症下药。在没有工业的中国，想要把他悉数搬来应用，流弊有无且不必管，却最苦的是搔不着痒处。"[8]他主张要"发扬资本和劳动的互助精神"，先发展中国的工业再说。

但是，中国当时不走社会主义道路，资本主义道路能行得通吗？梁启超对此也持悲观态度。"我国国内，虽然不配说有资本家，却是外国资本家早已高踞上游，制了我们的死命。别国劳资两阶级是把国内的人民横切成两部分：一部分是压制者，一部分是被压制者。我国现在和将来的形势却不是这样，全国人民都属于被压制的阶级。那压制的阶级是谁？却是外国资本家。我们全国人民所处的境遇，正是外国劳工阶级所处的境遇。质而言之，我们四万万人，都是劳工阶级里头的可怜虫罢了。"[9]中国既没有条件搞社会主义，但又苦于外国资本家和帝国主义的压迫，如果不反对外国资本主义的压迫和剥削，中国的工业也搞不起来，梁启超似乎陷入了走投无路的境地。梁启超的困惑，正是毛泽东写作《新民主主义论》时要解决的核心问题。

作为中国共产党的创始人，陈独秀和李大钊在十月革命后是完全接受社会主义的精神、理念、制度和方法的。1920年12月，陈独秀致信来华访问的英国哲学家罗素，指出："有一件要讨论的事，就是还仍旧用资本主义发达教育及工业，或是用社会主义？我个人的意见，以为资本主义虽然在欧洲、美洲、日本也能够发达教育及工业，同时却把欧、美、日本之社会弄成贪鄙、欺诈、刻薄、没有良心了；而且过去的大战争及将来的经济的大革命都是资本主义之产物，这是人人都知道的。幸而我们中国此时才创造教育工业在资本制度还未发达的时候，正好用社会主义来发展教育及工业，免得走欧、美、日本底错路。"[10]避免欧美日资本主义的覆辙，让中国走上一条超越资本主义的社会主义道路，是陈独秀推动成立中国共产党的初衷。

　　与陈独秀相比，李大钊更注重对中国实行社会主义的经济条件的分析。在十月革命后把马克思主义介绍到中国时，特别注重介绍马克思的经济学说。在回答中国今日是否能行社会主义的问题时，他指出要联系世界经济势力来分析中国的经济状况，因为中国的经济已经成为整个世界资本主义经济的一部分，一般老百姓间接受到资本主义的压迫比国外资本主义国家的劳工直接受到的压迫还要严重，中国劳工阶层及其阶级意识正在形成和发展。至于中国实业不发达、起点低，更不能成为中国实行资本主义的理由。"正如人家已达壮年，我们尚在幼稚；人家已走远了几千万里，我们尚在初步，在这种势力之下，要想存立，适应这共同生活，恐非取兼程并力社会共营的组织，不能有成。"[11]换言之，要想在这个世界上生存，不能走人家资本主义的老路，而必须走跨越式发展的社会主义之路。毛泽东后来对中国道路问题的思考和实践，与李大钊的思想是一脉相承的。

　　20世纪20—30年代，社会主义思潮在中国得到了更广泛的传播。1932年底，《东方杂志》社以"梦想中的未来中国"为主题发起征文，共有社会各界130人应征，大多数是大学教授、政府官员和编辑记者。通过分析他们的征文，不难发现，超过三分之二的应征者赞同、同情大同社会或社会主义，其中部分应征者虽然没有提社会主义的名称，但表达的都是社会主义的理想或政策。[12]

在这次征文中，有的应征者直接运用马克思主义或科学社会主义，来展望未来的中国。如后来成为"七君子"之一的章乃器指出："中国将来的革命，必然是一个向整个的上层阶级进攻的左倾的革命。那个革命的目标，不单是要推翻帝国主义，而且同时要推翻帝国主义的虎伥。"周恩来的入党介绍人张申府希望中国能实现"列宁共产主义的理想"。著名哲学家李石岑则断言："中国必然的走上科学的社会主义之路。"[13]

而曾留学东京帝国大学、时任中山大学教授的著名法学家、马克思主义著作翻译家何思敬运用阶级分析方法分析自己和中国社会："三五年来马克思主义社会科学之探索，才使我自觉我自己的地位是一个特权阶级的附属分子，并且这个特权阶级是没有将来的。不幸我做了这个阶级的附属分子，也只得随时流而俱亡。""未来的中国是属于他们的——他们是现在被压迫被剥削的阶级。他们——工人农民和一切劳苦大众同盟在一起猛向着帝国主义及其在华黑暗势力作无情的搏战。"[14]何思敬的这一思想，是出生于地主、资产阶级和官僚家庭后来又转向左翼的知识分子的普遍心态。

来自裕丰纱厂的毕云程的未来中国展望，也许反映了劳工阶层的心声："在我梦想中的中国，没有榨取阶级，也没有被榨取阶级，大众以整个民族利益为本位，共同努力，造成一个社会主义的新中国，以提高整个民族的经济生活和文化生活，并努力充实国防，以保障整个民族的安全。"[15]这一思想，已经接近毛泽东《新民主主义论》中的相关论述了。

理解近代中国的社会主义思潮，有如下三点值得注意。

其一，当时国人理解的社会主义，主要是经济和社会意义上的社会主义，核心问题是如何克服资本主义的弊端，防止资本家出于一己私利操纵国计民生，保证人民的生存权、工作权和发展权，以及在此基础上建立社会平等。至于社会主义的政治如何运作，社会主义的文化如何培育，当时社会主义的倡导者着墨不多，而这正是留给中国共产党探讨的任务。

其二，在近代中国的社会主义思潮中，很多人把社会主义、共产主义与中国古代的大同思想自然地等同起来，似乎中国古已有之，中国人对社会主义并不陌生。但事实上这是一个错觉。因为社会主义作为西方思想的出现，是建立在资本主义、机器大工业、现代科学技术的基础之上的，社会主义的目标是扬弃和超越自由主义，实现人的真正的自由和平等，现代工业、现代组织形式和现代科学技术是实现这一目标不可或缺的基础条件。因此，社会主义是现代的产物，是要克服现代资本主义社会的弊病，是面向未来的筹划，而中国古代的大同思想则是一种回到原始远古王道社会的复古思想，回到带有温情色彩的伦理本位主义，是前现代的思想传统。

但是，把社会主义与大同思想联系起来，蕴含着中国人自己对社会主义的独特理解，特别是包含着超越西方和苏俄的社会主义模式，建立起中国自身的社会主义模式的尝试。这种尝试，对于遏制和克服西方现代性（包括资本主义现代性和社会主义现代性）的弊端，避免某种现代性迷信（包括对自由民主的迷信），具有某种意想不到的功效。"拿西洋的文明，来扩充我的文明，又拿我的文明去补助西洋的文明，叫他化合起来成一种新文明。"[16]这种做法，反映了当时一些知识精英，不甘心把西方的或苏俄的文明照抄照搬到中国来，而要再造文明的尝试。只是中国共产党通过把马克思主义中国化，才找到了一条再造文明、确立中国模式的正确道路。

其三，社会主义和马克思主义在中国的传播和推广，一方面源于第一次世界大战前后西方资本主义的危机以及中国人对西方资本主义"利己杀人,寡廉鲜耻"(严复语)的深恶痛绝,另一方面源于俄国十月革命的胜利,让世界上深受资本主义之苦的国家和人民看到了另一种选择的可能性,让中国人看到了革命成功的希望,这一意涵就是毛泽东的那句名言所要表达的:"十月革命一声炮响,给我们送来了马克思列宁主义。"[17]从20世纪30年代后期开始,有很多出身于地主资本家家庭,甚至出身于国民党高官或将军家庭的子女加入中国共产党,甚至投奔延安,与这两方面都有关系。

在20世纪20—30年代的中国社会主义思潮中,马克思主义起初虽然只是其中的一种,但后来逐渐扩大影响力并成为主流。20世纪20年代末30年代初,代表中国共产党和马克思主义立场的"新思潮派"脱颖而出,他们在关于中国社会性质问题和中国社会史问题的论战中扮演了重要角色,用马克思主义基本理论分析中国社会,促进了马克思主义在中国落地生根。而30年代中后期在延安兴起的以研究和传播马克思主义,特别是用马克思主义观点研究中国社会和文化的"新启蒙运动",为毛泽东发起的马克思主义中国化提供了重要的思想理论铺垫。

如果把1938年10月毛泽东在中共六届六中全会上提出的

马克思中国化的号召作为马克思主义中国化的自觉开端，那么可以把从20世纪30年代后期直至21世纪中叶的马克思主义中国化划分为三个时期：立国建制时期、兴国改制时期、强国定制时期。

立国建制时期：从20世纪30年代后期至70年代后期，标志是毛泽东思想的形成和发展。这是中国社会主义模式的思想理论奠基时代，可分为两个阶段。一是从20世纪30年代后期至1949年新中国成立，是马克思主义与中国革命实际相结合阶段，主要任务是解决革命建国和国家未来发展的社会主义方向问题；二是从新中国成立至20世纪70年代末，是马克思主义与中国工业化、现代化相结合阶段，是中国社会主义探索与制度框架建立阶段，探索中国如何走出一条高效、文明、稳妥的现代化建设道路，如何从农业国变为工业国，如何从文明古国转为现代文明型国家。

兴国改制时期：从20世纪70年代后期至2012年中共十八大召开，标志是邓小平理论、"三个代表"重要思想、科学发展观的形成及其发展。这是中国社会主义模式的思想理论拓展时代，主要任务是探索马克思主义与中国的改革开放，特别是与市场经济如何结合，建立起中国社会主义与世界资本主义体系"入乎其内，出乎其外"的关系，实现以世界之资本主义成就中国之社会主义。

强国定制时期：从2012年中共十八大召开至21世纪中叶，标志是习近平新时代中国特色社会主义思想的形成和发展。这个时代是中国社会主义模式的思想理论完善时代，主要任务是实现马克思主义与中华优秀传统文化更好、更深层次的结合，实现马克思主义与中国社会主义实践全面深入结合，使中国社会主义制度基本定型，社会主义现代化目标全面实现，并在世界上产生示范效应和全球影响。

三、马克思主义中国化的三个时期

立国建制时期：中国特色社会主义模式的思想理论奠基

1938年10月，毛泽东在中共六届六中全会上做题为"论新阶段"的报告，正式提出马克思主义中国化，其具体表述是："对于中国共产党说来，就是要学会把马克思列宁主义的理论应用于中国的具体的环境。成为伟大中华民族的一部分而和这个民族血肉相联的共产党员。离开中国特点来谈马克思主义，只是抽象的空洞的马克思主义。因此，使马克思主义在中国具体化，使之在其每一表现中带着必须有的中国的特性，即是说，按照中国的特点去应用它，成为全党亟待了解并亟须解决的问题。"[18]

毛泽东提出马克思主义中国化，首先要解决的是中国共产党的定位和中国革命的性质和任务、近期目标和长远目标的问题。当时抗日战争正在如火如荼进行之中，中国共产党究竟是举共产主义的旗帜，还是举民族主义的旗帜；是作为共产国际的一个支部，还是作为捍卫中华民族利益和追求中华民族解放的中国的共产党，党内外还有很多争论。毛泽东正是要处理这一复杂而棘手的理论问题。

仔细分析毛泽东的文本不难发现，毛泽东首先强调的是"中国化"，因为在当时党内存在的一种主要思想危险，就是以王明为代表的一批"百分之百的布尔什维克"派，"言必称苏俄"，把马克思列宁主义教条化，忽视中国的历史文化和中国革命的实际，机械照搬套用马克思主义。对此，毛泽东特别强调："我们这个民族有数千年的历史，有它的特点，有它的许多珍贵品。对于这些，我们还是小学生。今天的中国是历史的中国的一个发展；我们是马克思主义的历史主义者，我们不应当割断历史。从孔夫子到孙中山，我们应当给以总结，承继这一份珍贵的遗产。"[19]毛泽东的这一思想，与近代社会主义思潮中那些主张再造文明的知识分子是完全一致的。

但是，毛泽东对马克思列宁主义并不是采取庸俗实用主义的态度，他所主张的中国化是马克思主义的中国化，而不是其他任何主义的中国化。他是完全承认马克思主义基本原理、马克思主义基本立场观点方法的普遍性意义的。《实践论》和《矛盾论》就是毛泽东对马克思主义的基本立场观点方法的哲学阐释。"马克思、恩格斯、列宁、斯大林的理论，是'放之四海而皆准'的理论。"[20]基于这一看法，毛泽东对那些认为中国社会有其特殊性，马克思主义主张阶级斗争和共产主义不适合中国的论调是持批评态度的。但毛泽东也多次澄清，马克思主义理论放之四海而皆准，是指马克思主义的基本原理或道理是普遍真理，而不是指马克思主义经典作家所说的每句话、得出的每个结论都普遍适用。

在革命年代，他把马克思主义的道理简单概括为"造反有理"四个字。这里所说的"理"，既有马克思主义所理解的社会历史发展规律之意，也有中国传统所说的"天理""天道""道理"之意思，蕴含着中国文化中所强调的道德理想。这样，毛泽东就把马克思主义的和中国文化传统中的普遍主义维度结合在一起了。

毛泽东提出马克思主义中国化，绝不是书斋中的哲学工作或理论工作，而是要把马克思主义和中国历史、中国革命的实际结合起来，指明中国未来的道路并提出解决中国问题的政治、经济、文化方案。在从哲学上解决了世界观、认识论和方法论问题后，毛泽东撰写了《新民主主义论》，就中国从何处来、处于何处、要向何处去等问题提出了中国共产党人的系统论述，特别是提出了中国革命包括新民主主义革命和社会主义革命的两阶段论，并在此框架下阐明了中国共产党在不同阶段的政治、经济和文化纲领。

在毛泽东的新民主主义论的总体框架中，社会主义与资本主义的关系是通过如下方式得到处理的。在政治上，中国仍处于半殖民地半封建社会，反帝反封建是中国新民主主义革命的主要任务，因此中国的"国体"既不是欧美式的资产阶级共和国，也不是苏俄式的社会主义共和国，而是无产阶级领导下的一切反帝反封建的阶级联合专政的共和国，即新民主主义的共和国。但毛泽东同时强调，这种共和国只是"过渡的形式"，待将来条件成熟，是要过渡到社会主义社会，建设社会主义国家的。

关于新民主主义的经济，毛泽东首先强调："中国的经济，一定要走'节制资本'和'平均地权'的路，决不能是'少数人所得而私'，决不能让少数资本家少数地主'操纵国民生计'，决不能建立欧美式的资本主义社会。"[21]这意味着，新民主主义阶段共产党所主张的经济政策，与孙中山的民生主义完全一致，共产党所要求的，就是"循名责实"，把政策落实下来。但另一方面，毛泽东并不认为这种经济政策就是社会主义的政策，因为当时还没有完成反帝反封建的革命任务。"中国现在的革命任务是反帝反封建的任务，这个任务没有完成以前，社会主义是谈不到的。"[22]

因此，毛泽东在新民主主义革命时期对资本主义的态度是利用资本主义而不是拒斥资本主义，利用一切于国计民生有利的城乡资本主义，以反对帝国主义和封建主义，同时又节制资本主义发展，以避免中国变成欧美式的资产阶级共和国。但是，有一点是毋庸置疑的，即中国在完成了新民主主义革命、建立了新民主主义国家（"新中国"）之后，就要进行社会主义革命；社会主义，是中国革命要追求的第二阶段理想。"中国也只有进到社会主义时代才是真正幸福的时代。"[23]

后来新民主主义革命迅速取得胜利，新中国成立，国内外形势的迅速变化，使毛泽东改变了原先关于新民主主义将是一个较长社会阶段的判断，而加快向社会主义阶段过渡。但如何把中国建设成为一个社会主义国家，亟须思想理论上的指导。1956年，在基本完成了对农业、手工业和资本主义工商业的社会主义改造前夕，毛泽东提出了新的理论任务："现在是社会主义革命和建设时期，我们要进行第二次结合，找出在中国进行社会主义革命和建设的正确道路。"[24]如果说马克思主义与中国新民主主义革命的"第一次结合"形成了以新民主主义论为核心的毛泽东思想，那么马克思主义与中国社会主义革命和建设的"第二次结合"则形成了以十大关系论和人民内部矛盾论为核心的毛泽东思想。

在社会主义基本制度建立后，如何在较短时间内改变中国落后的面貌，把中国从农业国变为先进的工业国，赶超西方资本主义国家，最终把中国建设成为一个社会主义现代化强国，是毛泽东思考的首要问题。为此，毛泽东提出了"鼓足干劲，力争上游，多快好省地建设社会主义"的社会主义建设总路线，强调："我们不能走世界各国技术发展的老路，跟在别人后面一步一步地爬行。我们必须打破常规，尽量采用先进技术，在一个不太长的历史时期内，把我国建设成为一个社会主义的现代化的强国。"

社会主义社会的阶级和阶级斗争的问题是新中国建立以后毛泽东关注的另一重大问题。中共八大曾经做出决议，认为社会主义改造基本完成后，虽然阶级和阶级斗争还将长期存在，但大规模的疾风暴雨式的阶级斗争已经结束，中国共产党的主要任务，是领导人民进行社会主义建设。毛泽东也曾经认为，在社会主义社会，阶级斗争的性质已经发生了变化。"在我们国家里，工人阶级同民族资产阶级的矛盾属于人民内部的矛盾。工人阶级和民族资产阶级的阶级斗争一般地属于人民内部的阶级斗争。"[25] 显然，人民内部的阶级斗争是不能用敌我之间阶级斗争的方式来解决的。但是，20世纪50年代末至60年代中期国内外形势的变化，使毛泽东对阶级斗争形势做出了过于严重的估计，最终酿成了"文化大革命"这样的历史悲剧。

　　在毛泽东时代，马克思主义中国化的理论成果是毛泽东思想，它回答了中国如何走向社会主义道路、确立社会主义基本制度、建设社会主义、巩固和发展大一统的社会主义国家等基本问题，为中国模式的形成奠定了思想理论基础。

　　毛泽东发起的马克思主义中国化，一个重要特点是结合了马克思主义和中国文化传统中的理想主义。社会主义和共产主义是马克思主义所确立的高远理想，而实现这一理想的途径是通过斗争，而作为斗争主体的无产阶级要具有高度的政治觉悟和道德觉悟。毛泽东早年也强调要发扬"心之力"，宣告"与天奋斗，其乐无穷；与地奋斗，其乐无穷；与人奋斗，其乐无穷"，晚年还吟诵"为有牺牲多壮志，敢教日月换新天"的诗句。为激发共产党人和全体人民的革命精神和斗志，毛泽东在把马克思主义中国化的过程中融入了陆王心学的很多元素，如强调诚心、信心、决心，相信精神和信仰的力量，重视思想和文化上的革命，相信人皆可以为尧舜，一切皆有可能，事在人为，强调忠诚牺牲奉献、无私无畏、表里如一、知行合一等。毛泽东经常讲愚公移山的故事，目的是要激发共产党人大无畏的革命精神。他强调："首先要使先锋队觉悟，下定决心，不怕牺牲，排除万难，去争取胜利。"[26] 对于激发全党和全国人民发扬主动性、积极性、创造性，将革命进行到底，建设新国家、新社会、新世界，这种道德理想主义的意义不容低估。

兴国改制时期：中国特色社会主义模式的思想理论拓展

在马克思主义中国化和中国社会主义模式的形成和发展过程中，邓小平的主要贡献是拓展了中国社会主义的思想理论基础并丰富了其基本原理，使中国社会主义展现出了新的生机和活力，并强化了中国社会主义模式中的若干要素。

20世纪70年代末80年代初，国内外局势都在发生重大变化，毛泽东逝世及粉碎"四人帮"后中国社会主义需要重新上路；在国际上，苏联东欧社会主义集团开始出现危机的苗头，美欧也在忙于处理国内事务，世界大战一时还打不起来，和平和发展的时代主题开始凸显。如何在纷繁复杂的国内外形势下推动改革开放，实现党和国家工作重心的转换，推动中国社会主义进一步发展，对邓小平而言是一个考验。

邓小平深知，要把中国共产党的事业发扬光大，对毛泽东时代形成的一些观念、政策和做法进行改革，就必须充分利用毛泽东的威信和毛泽东思想。他强调："三中全会以后，我们就是恢复毛泽东同志的那些正确的东西嘛，就是准确地、完整地学习和运用毛泽东思想嘛。基本点还是那些。从许多方面来说，现在我们还是把毛泽东同志已经提出，但是没有做的事情做起来，把他反对错了的改正过来，把他没有做好的事情做好。今后相当长的时期，还是做这件事。当然，我们也有发展，而且还要继续发展。"[27] 在这段话中，虽然重心是在最后一句话，即强调发展。但邓小平深知，发展的前提是继承，否则就会丧失发展的立足点。在思想创新过程中，如果不讲继承，理论的发展就会面临很大阻力，正当性会受到很大削弱。

为了确立改革的正当性，邓小平还树立起了毛泽东作为改革者的形象。他多次引述毛泽东在整风运动中反复讲过的那段话："一个党，一个国家，一个民族，如果一切从本本出发，思想僵化，迷信盛行，那它就不能前进，它的生机就停止了，就要亡党亡国。"[28]

邓小平的一大改革智慧，就是在改革开始时首先确定哪些方面是不能改的，是改革必须坚守的底线。这就较好地处理了"变"与"常"的关系问题。历史上的很多改革案例表明，如果不能处理好二者的关系，不尊重"常"，改革常常变成瞎折腾或颠覆，使人民对未来丧失确定性预期，造成动荡和混乱。为此，邓小平在改革开放之初就提出了"四项基本原则"，即必须坚持社会主义道路，必须坚持人民民主专政，必须坚持共产党领导，必须坚持马列主义、毛泽东思想。在此框架中，改革是社会主义的自我完善和发展，而不是改变社会主义制度。邓小平不厌其烦，利用各种场合强调、重申这一点。

值得注意的是，四项基本原则是邓小平在1979年3月30日中央理论工作务虚会上提出的，也是新时期中国社会主义和改革开放必须坚持的理论原则，是为了回应当时存在的各种右的和"左"的社会思潮。作为20世纪60年代中苏论战的领导者和组织者之一，邓小平在重大理论原则问题上头脑敏锐，判断准确，处理干脆利落。80年代中后期，当有人试图突破四项基本原则的底线时，邓小平绝不退让，几次采取坚决措施，避免了在中国出现赫鲁晓夫或戈尔巴乔夫那样的人物，防止了中国出现苏东剧变局面。

改革要能够顺利推进，另一个重要条件是不能背上历史包袱，要避免各种无谓的争论，避免各种掣肘和内耗，轻装上阵。为此，邓小平主张"不争论"。但不争论的前提是，中共中央对中共党史、对新中国建立以来的很多重要历史问题和相关人物要做出权威评价，一锤定音。为此，经邓小平提议、中央在党内讨论的基础上，于1981年6月召开的党的十一届六中全会通过了《关于建国以来党的若干历史问题的决议》，统一了全党全国人民的思想。

20世纪80年代至90年代初，"姓社姓资"问题是社会各界关注的一个焦点。邓小平并没有回避这一问题，而是提出了判断姓社姓资的标准。70年代末期，邓小平提出了判断社会主义制度优越性的生产力标准，到了90年代初，他对这一标准做出了进一步完善："改革开放迈不开步子，不敢闯，说来说去就是怕资本主义的东西多了，走了资本主义道路。要害是姓'资'还是姓'社'的问题。判断的标准，应该主要看是否有利于发展社会主义社会的生产力，是否有利于增强社会主义国家的综合国力，是否有利于提高人民的生活水平。"[29]"三个有利于"标准的提出，一方面敢于直面现实，承认了"姓社姓资"问题的存在；另一方面又树立标准，帮助人民释疑解惑，定纷止争。

　　长期以来，国内外学界一直把社会主义与计划经济、资本主义与市场经济等同起来，在西方主流经济学流派中，这似乎已成为难以撼动的教条。为了为中国的改革建构理论基础，邓小平倡导马克思主义解放思想、实事求是的思想路线，围绕计划与市场的关系问题提出了新的论断："计划多一点还是市场多一点，不是社会主义与资本主义的本质区别。计划经济不等于社会主义，资本主义也有计划；市场经济不等于资本主义，社会主义也有市场。计划和市场都是经济手段。"[30]这一思想打破了很多无谓的隔阂和条条框框，把计划和市场恢复到了"工具""方法""手段"的地位，避免了很多经济体中曾经盛行的"计划经济崇拜"或"市场经济崇拜"，摆正了社会主义作为价值、目标、驾驭方与市场经济作为工具、手段和被驾驭方的关系，是兴国改制时期中国社会主义模式的思想理论拓展的核心工作。通过改革开放和建立社会主义市场经济体制，兴国改制时期真正实现了以世界之资本主义成就中国之社会主义，完成了孙中山、毛泽东等人的夙愿。

　　在不触及底线和原则的领域，邓小平诉诸常识思维，相信群众、依靠群众，鼓励人民群众"大胆试，大胆闯"，给人民群众的自主自由创造留下了较大空间。对于一时尚无定论的具体问题或操作性问题，邓小平倡导"摸着石头过河"，坚持效果评价；对于一些新出现的问题，鼓励探索，不急于下结论，做判断；对于思想理论的态度，不教条、不拘泥、不僵化，对于马克思主义基本原理之外的思想理论观点，合之则用，不合则弃。这一思维，在常识和思想理论之间保持了较好的平衡，在一定程度上避免了思想的傲慢和理论的自负，也为思想理论创新留下一定余地。

在话语风格上，与毛泽东的旁征博引、娓娓道来、风趣幽默相比，邓小平的发言和表达则具有一语中的、要言不烦、生动活泼、贴近大众的特点。"小康""共同富裕""搞活""翻两番""两手抓""不出头""摸着石头过河""大胆试大胆闯""无论白猫黑猫，捉住老鼠就是好猫"，这些富有生活气息的话语，增添了思想理论话语的生动性和吸引力。

国内外公认，兴国改制时期的最大特色是改革开放，邓小平本人也被作为中国改革开放事业的总设计师。但需要强调的是，兴国改制时期的改革开放是中国社会主义的自我完善和发展，是中国共产党领导的改革开放，是有序的、可控的、循序渐进的改革开放。邓小平特别注重党的领导的重要性，把这一原则放在国家和民族兴衰存亡的高度来认识，不允许有丝毫的怀疑和动摇。他强调指出："在中国这样的大国，要把几亿人口的思想和力量统一起来建设社会主义，没有一个由具有高度觉悟性、纪律性和自我牺牲精神的党员组成的能够真正代表和团结人民群众的党，没有这样一个党的统一领导，是不可能设想的，那就只会四分五裂，一事无成。这是全国各族人民在长期的奋斗实践中深刻认识到的真理。"[31]

在维护党的集中统一领导、捍卫国家统一和民族团结等问题上，邓小平之后的历任中央领导人都是一以贯之、毫不动摇的。江泽民曾经强调："维护党和国家的集中统一，维护中央的权威，是极端重要的。党和国家的指导思想、奋斗目标、大政方针和法律制度，以及重要工作部署等等，必须统一，各个地方、部门和单位绝不能各行其是。"[32]针对党集中统一领导的体制机制，江泽民指出："党的总书记、国家主席、军委主席三位一体这样的领导体制和领导形式，对于我们这样一个大党、大国来说，不仅是必要的，而且是最妥当的办法。"[33]维护党的领导和大一统的社会主义中国的存在和发展，是兴国改制时期改革开放事业的生命线。

兴国改制时期，思想理论创新的立足点在于强调实践是检验真理的唯一标准，实事求是，一切从实际出发，理论联系实际，坚持问题导向。不能离开实践谈理论，离开现实谈理想。对此，江泽民说过："看我们是否真正坚持了马克思主义，关键看是否能运用它来解决中国面临的实际问题，推进党的事业发展。解决的问题越多，就运用得越好。如果理论上说得头头是道、天花乱坠，最后什么问题也没有解决，那就不是真正的坚持。坚持马克思主义，要在解决实际问题的进程中来落实，要用实践的效果来检验。"[34]胡锦涛进一步强调："马克思主义，理论源泉是实践，发展依据是实践，检验标准也是实践。""实践发展永无止境，认识真理永无止境，理论创新永无止境。"[35]正是基于问题导向的实践原则，江泽民和胡锦涛才在邓小平理论的基础上，集中全党智慧，提出了"三个代表"重要思想和科学发展观，构成了兴国改制时期思想理论创新的重要成果，并以其为指导，在20世纪末21世纪初捍卫和发展了中国社会主义。

如果说毛泽东时代马克思主义中国化的特点在于把马克思主义和中国文化传统中的理想主义较好地结合起来，那么兴国改制时期的特点则在于马克思主义的唯物主义、现实主义与中国传统的实用理性和实践智慧的有机结合。正是这种结合使中国这艘巨轮经受住了"后冷战"时代各种激流险滩的考验，实现了中国模式的发展壮大。如果没有马克思主义中国化的进一步深化，如果没有中国特色社会主义理论的指导，这一成就是难以想象的。

强国定制时期：中国特色社会主义模式的思想理论提升

2012年中共十八大以来，以习近平同志为核心的党中央，重视中国共产党指导思想上的理论创新和与时俱进，强调要丰富和发展当代中国马克思主义、21世纪马克思主义，马克思主义中国化进入了新时代，中国社会主义模式的思想理论基础也将获得相应的提升和巩固。

2014年2月17日，习近平总书记在省部级主要领导干部学习贯彻十八届三中全会精神全面深化改革专题研讨班上指出："从形成更加成熟更加定型的制度看，我国社会主义实践的前半程已经走过了，前半程我们的主要历史任务是建立社会主义基本制度，并在这个基础上进行改革，现在已经有了很好的基础。后半程，我们的主要历史任务是完善和发展中国特色社会主义制度，为党和国家事业发展、为人民幸福安康、为社会和谐稳定、为国家长治久安提供一整套更完备、更稳定、更管用的制度体系。"[36]在此基础上，中共十九大进一步明确了中国特色社会主义进入新时代这一重大政治判断，提出了习近平新时代中国特色社会主义思想，并以此为指导，对未来30年中国社会主义事业做出了新的战略筹划。

借用黑格尔"正反合"的辩证法，从马克思主义中国化和中国特色社会主义模式演变的长时段来看，如果立国建制时期是正题，兴国改制时期是反题，那么强国定制时期则构成了合题。在合题阶段，中国社会主义事业尽管如前所述取得了巨大的发展成就，处于新的历史起点上，但仍面临一系列新的问题和挑战。中国模式必须在新形势下，有效应对这些问题和挑战，进一步显示自身的优越性。

第一，新中国建立70年特别是改革开放40年来，中国共产党革命党的色彩逐渐淡化，而执政党的色彩越来越浓。受制于执政党的执政惯性和利益思维，部分领导干部的革命精神和革命意志日趋淡化，部分党组织和党员干部中的领导意志和领导能力均出现问题，自我革命动力不足，在很多党组织和党员领导干部中出现了较为严重的腐败现象，党内和军队中的高级领导干部腐败使全社会震动，党组织思想不纯、组织不纯、作风不纯的现象不同程度存在，中国共产党的"三个先锋队"性质受到损害，广大人民群众不满情绪加重。如果这些问题得不到解决，将会对中国共产党的领导地位和执政地位造成严重威胁。"中国要出问题，还是出在共产党内"，[37]邓小平的这句话在目前和今后一段时间内仍然适用。

第二，经过多年积累，中国社会存在的发展不平衡、不充分，区域、阶层、贫富分化，资源匮乏和生态环境恶化，人口老龄化，经济发展转型，周边地缘政治恶化等问题呈现出叠加效应。国内颠覆破坏势力、民族分裂势力、宗教极端势力和暴力恐怖势力与国外反华反共势力里应外合，企图制造事端。对此，习近平总书记告诫全党和全国各族人民："各种敌对势力绝不会让我们顺顺利利实现中华民族伟大复兴，这就是为什么我们要郑重提醒全党必须准备进行具有许多新的历史特点的伟大斗争的一个原因。这场斗争既包括硬实力的斗争，也包括软实力的较量。"[38]

不仅如此，当代中国和世界均处于迅速变化的状态之中，中国发展还面临很多不确定性，正如有学者指出的那样："中国当前面临的内外动态环境——社会结构与利益群体愈来愈复杂，以个体为单元的主体意识日益牢固，与世界经济体系的依存关系日益紧密，几亿人在农村与城市之间快速跨域流动，网络科技与社会媒体爆发性增长，知识界的意识形态争论既情绪化又混乱，各级公权力机构的独立性也正面临被传统血缘宗派关系与权贵资本主义两头侵蚀的危险——这些复杂的情势更让公共治理的挑战加剧。"[39]

第三，现代市场经济的利益生产和商品消费机制把所有人都变成了"经济人"和消费者，并不断激发和制造人的各种欲望，塑造出一些欲壑难填的"占有型""消费型"人格。在社会公平正义问题上难以弥合不同人群和社会阶层之间的分歧，人民对美好生活的期待呈现出多极化趋势，越来越难以整合。随着市场在配置资源中越来越起决定性作用，市场经济的马太效应、贫富分化效应造成了一批对党和政府均不满的极左和极右人群，党和政府凝聚社会共识、维护公共利益的难度越来越大。

第四，当代新科技革命和新产业革命快速发展，已在很大程度上改变了当代中国人的生产方式和生活方式，社会革命已在各个领域展开。与此相应，现代社会的信息、资本和权力开始向掌握资本和技术的企业家、资本所有者转移，党和政府掌握话语权越来越难。目前，中国已出现了包括网络、实业、传媒、金融、文化、教育等产业在内的自成体系的企业集团，也出现了手握数万亿巨额资本的金融资本所有者，部分企业主在得到经济权力后通过贿选、操纵选举等不法手段，进一步攫取政治权力。一些企业家、企业或产业联盟已经握有要挟党和政府的巨大资源，是共产党继续驾驭资本和企业，还是被它们所驾驭，已成为一个越来越现实的问题。

第五，西方资本主义世界总体衰落的趋势不断持续。出于挽救自身衰败命运的本能和实际需要，它们在惊慌恐惧之余可能联合起来，利用中国周边复杂的地缘政治关系，在中国周边制造事端，加大对中国的打压和遏制力度。

面临上述形势和挑战，以习近平同志为核心的党中央，知难而上，从新时代中国特色社会主义事业全面发展的角度，在挖掘利用汇通马克思主义资源、中国优秀传统文化资源和国外有益思想理论资源的基础上，努力提升和巩固中国模式的思想理论基础，进一步推进马克思主义中国化、时代化和大众化。

（1）针对部分国民特别是党员领导干部在精神上的自卑或自大状态，强调要坚定、树立、增强对中国特色社会主义的道路自信、理论自信、制度自信和文化自信。"四个自信"是中国共产党人、中华民族和中国人民对中国特色社会主义的自信，是面对各种困难、风险和挑战，对当代中国所具有的巨大发展优势和发展潜力的自信。强调"四个自信"的实质，是要改善中国人民特别是各级党员干部的精神状态，克服各种妄自菲薄和妄自尊大，确立起当代中国人的中国特色社会主义认同，增强中国人的精神力量和政治定力，把新时代中国特色社会主义事业推向新的发展阶段。

（2）针对党内存在的问题，强调中国共产党不仅是马克思主义执政党，也是马克思主义革命党；强调中国共产党人是革命者，要坚定革命意志，发扬革命精神，勇于自我革命，并以此为基础，把中国共产党领导人民"改变世界""改造社会"的社会革命进行到底；强调中国共产党是中国最高政治领导力量，重申党的全面、集中、统一领导，并通过全面从严治党、强化红色基因、提高领导能力等增强党的领导合法性；重视中国共产党与世界政党的交流对话，激发中国共产党的国际主义抱负。

（3）针对人民群众对中国特色社会主义和美好生活越来越高的期待，强调中国特色社会主义是全面发展的社会主义，突出"以人民为中心"的发展导向,统筹推进经济建设、政治建设、文化建设、社会建设和生态文明建设五位一体总体布局,避免过分追求经济发展速度和GDP总量的增长,而要考虑经济建设和其他建设的关系,把经济建设放在更大的系统中来考虑,考虑发展的质量和效益,包括重视资源节约和生态环境保护。同时强调要协调推进"四个全面"战略布局,把全面深化改革放在全面建成小康社会、全面依法治国、全面从严治党的大格局中来看待,避免在发展过程中由于单兵突进而造成的各种失衡、失调、失和现象。为保证发展的整体性,提出"创新、协调、绿色、开放、共享"的五大发展理念,在建设社会主义现代化强国的过程中尽量遏制和减少现代化带来的弊端,使中国社会主义进入全面发展、文明升华和引领时代的新阶段。

（4）针对日益复杂严峻的国家安全形势,有效维护国家统一、安全、社会稳定和人民权益,提出总体国家安全观。其核心内容是：坚持国家利益至上,以人民安全为宗旨,以政治安全为根本,统筹外部安全和内部安全、国土安全和国民安全、传统安全和非传统安全、自身安全和共同安全,完善国家安全制度体系,加强国家安全能力建设,坚决维护国家主权、安全、发展利益。[40]

（5）针对民族团结的新需求，强调铸牢中华民族共同体意识，强化中国各民族的祖国认同，共同追求实现中华民族伟大复兴的中国梦；把包括中国优秀传统文化、革命文化和社会主义先进文化在内的中华文化作为中华民族共有精神家园，作为中华民族生生不息、发展壮大的丰厚滋养，发挥中华文化耳濡目染、潜移默化的力量，加强中国各民族交往、交流、交融，促进各民族像石榴籽一样紧紧抱在一起。

（6）针对西方资本主义国家在全球治理中党同伐异、零和博弈、抱残守缺的心态，提出构建人类命运共同体，建设持久和平、普遍安全、共同繁荣、开放包容、清洁美丽的世界；提出并积极促进"一带一路"倡议，努力实现政策沟通、设施联通、贸易畅通、资金融通、民心相通；强调要推动经济全球化朝着更加开放、包容、普惠、平衡、共赢的方向发展；提出了人类文明交往的新哲学，即尊重世界文明多样性，以文明交流超越文明隔阂、文明互鉴超越文明冲突、文明共存超越文明优越。

习近平总书记提出的上述思想或观点，深化并拓展了对共产党执政规律、社会主义建设规律和人类社会发展规律的认识；围绕新时代"强国定制"的时代主题，面对一系列重大问题和挑战，对中国共产党、中国社会主义、中华人民共和国、中华民族、人类文明发展和全球治理进行了高起点、多维度的思想理论建构，必将为新时代中国化马克思主义的理论创新注入新的强劲动力。

在思想理论创新的风格上，如果说毛泽东体现了较多的理想主义和革命激情，邓小平体现了较多的现实主义和实用理性，习近平则体现了理想主义与现实主义、革命理想与实践智慧的有机统一，这是新时代中国特色社会主义能够行稳致远的重要保证。

马克思主义中国化的80年历程表明，不同时代有不同的时代主题，面临着不同的任务和挑战，因而也有不同的思想理论建构。但是，立国建制时期、兴国改制时期和强国定制时期又统一于近代以来中华民族追求伟大复兴的大时代，这个大时代的统一主题就是探索中国的社会主义道路，把中国建设成为强大的社会主义国家，使中华民族自立于世界民族之林，并对人类作出较大贡献。从20世纪50年代开始，这个社会主义国家的内涵不断丰富，从"富强、民主"到"富强、民主、文明"，再到"富强、民主、文明、和谐"，最后到"富强、民主、文明、和谐、美丽"，体现了几代中国共产党人对社会主义理想一以贯之的坚持和与时俱进的发展。

回顾所来径，苍苍横翠微。中国特色社会主义模式来自中国共产党领导中国人民所进行的28年艰苦卓绝的革命斗争，来自新中国建立后70年的丰富实践。从立国建制时期1.0版的中国社会主义，到兴国改制时期2.0版的中国社会主义，再到强国定制时期3.0版的中国社会主义，中华民族走过了波澜壮阔的历程，承载着几代中国共产党人艰辛的理论探索和创造，也体现了中华刚健自强、生生不息的伟大民族精神。

注　释

1　《习近平总书记重要讲话文章选编》，学习出版社，2016年，第143—144页。

2　参见张维为教授本项目中的相关内容，另参见张维为：《文明型国家》，上海人民出版社，2017年。

3　《邓小平文选》，第2卷，人民出版社，1994年，第128页。

4　语见孙中山的《建国方略》之一《心理建设》"第八章　有志竟成"，载于《孙中山选集》（上），人民出版社，2011年，第200页。

5 张汝伦:《现代中国思想研究》,上海人民出版社,2014年,第342页。

6 《马克思恩格斯全集》,第4卷,人民出版社,1958年,第471页。

7 《孙中山选集》(上),人民出版社,2011年,第384页。

8 梁启超:《欧游心影录/新大陆游记》,东方出版社,2012年,第41页。

9 同上,第209页。

10 任建树主编:《陈独秀文章选编》,第2卷,上海人民出版社,2009年,第303页。

11 中国李大钊研究会编注:《李大钊全集》,第3卷,人民出版社,2006年,第278页。

12 参见刘仰东编:《梦想的中国》,西苑出版社,1998年。

13 同上,第11、29、32页。

14 同上,第57页。

15 同上,第97页。

16 梁启超:《欧游心影录/新大陆游记》,第45页。

17 《毛泽东选集》,第4卷,人民出版社,1991年,第1471页。

18 《毛泽东选集》,第2卷,人民出版社,1991年,第534页。

19 同上,第533—534页。

20 同上,第533页。

21 同上,第678—679页。

22　同上，第683页。

23　同上，第683页。

24　转引自吴冷西：《十年论战：1956—1966中苏关系回忆录》，中央文献出版社，2014年，第15页。

25　毛泽东：《建国以来毛泽东文稿》，第6册，中央文献出版社，1992年，第318页。

26　《毛泽东选集》，第3卷，人民出版社，1991年，第1101页。

27　《邓小平文选》，第2卷，第300页。

28　同上，第143页。

29　《邓小平文选》，第3卷，人民出版社，1994年，第372页。

30　同上，第373页。

31　《邓小平文选》，第2卷，第341—342页。

32　《江泽民文选》，第3卷，人民出版社，2006年，第289页。

33　同上，第603页。

34　同上，第339页。

35　《胡锦涛文选》，第3卷，人民出版社，2016年，第529页。

36　参见2014年2月18日《人民日报》。

37　《邓小平文选》，第3卷，人民出版社，2008年，第380页。

38　《习近平总书记重要讲话文章选编》，第227页。

39 朱云汉：《高思在云：中国兴起与全球秩序重组》，中国人民大学出版社，2015
    年，第153页。

40 参见《党的十九大报告辅导读本》，人民出版社，2017年，第24页。

第四部分

政治经济学与中国
特色社会主义的
优势

（白果）

当今世界，正在发生范式级别的巨变。一方面，全球化的广度和深度正在接近极限；另一方面，信息化和互联化带来的第四次科技革命浪潮正彻底改造人类经济、社会，乃至伦理的底层逻辑。面对这两大范式级别的巨变，以"私权力"为核心的自由资本主义，作为一种政治经济方案，已无力为继。而以"公权力""整体论""长期性"为内核的中国特色社会主义实践，依托马克思主义的基础理论指导，在经济社会发展的微观、中观和宏观三个层面上，全方位地为新时代下的政治经济治理，开创出独特而有效的道路。中华文明和治理传统，正与社会主义理想创造性地结合，并显示出越来越大的价值和意义。本章内容将从政治经济学的角度出发，对中国独特的发展道路做一个横向和纵向的比较，结合当今世界政治经济领域的主要问题，从"以共产党为代表的'公权力'与资本权力的制衡""最大化人民福祉和充分发挥经济潜力的分配体系""具有战略性、系统性发展能力的协调体制"三个方面概括阐明社会主义制度的优越性。每方面均由问题导向出发，分析现象背后的理论因素，并结合实际，力求提出能够充分发挥其制度优越性的政策建议。

一、当今世界正在发生范式级别巨变

当今世界，正在发生范式级别的巨变。而中国的社会主义事业发展，也进入了新时代。研究中国道路问题以及中国与世界的关系问题，离不开这个巨变的基本背景。任何一种主义或一条道路，都要从能否有效回应并适应时代的巨变这个角度来加以检验。

（1）范式级别的巨变之一，是全球化的深度和广度逐渐接近极限。这一巨变带来了以下三个方面的重要问题。

其一，自由资本主义无以为继。因为资本的本质诉求是扩张，不是治理。没有空间的扩张，资本必将面临有效需求不足和竞争日益激烈所导致的利润下滑困境。这种困境，是对资本主义激励机制的釜底抽薪，并会进而导致整个体系分崩离析。伴随着中国的崛起和经济扩张，世界全球化的深度与广度正慢慢接近极限，空间的扩张已到达尽头。

大卫·哈维（David Harvey）曾指出，在扩张空间存在时，新自由主义会表现出慷慨仁慈的一面，为的是将其资源价值带向全世界。然而，当空间扩张接近极限，新自由主义的反民主面相就会凸显出来。新保守主义、民族主义会上升，以尽量维持建立在不对称市场之上的新自由主义动力。而在保护精英阶层财富的目的下，公共性、社会性支出将首先被牺牲，并进一步引发大规模的社会骚乱。这一过程其实正在美国上演。

其二，有效的全球治理缺位。全球化下的治理，需要整体性、系统性的思维，而这一点，恰恰超出了西方主流政治理论的把握范围。正如哈特（Michael Hardt）在《帝国——全球化的政治秩序》（*Empire — the New Political Order of Globalization*）一书中所说的："相对于这种超国家力量的形成，理论界的反应却显得很不足。绝大多数法理学者并未意识到这一超国家化进程中所包含的新内容，而仅仅重拾起各种过时、陈旧的模式，把它们用在新问题上。实际上，那些曾经促进、控制民族国家诞生的旧模式现在只是被掸了掸灰尘，便又被当作解读超国家力量机制的阐释性解释推了出来。"[1]

在哈特看来，历史上支配了欧洲国家主权观念的两种思想，一个是关注国家主权转移的霍布斯式思想，一个是关注分散权力的洛克式思想。从前者出发得出的全球治理方案，是一种建立在新的支配力量之上的全球安全；而从后者出发得出的全球治理方案，是一种全球市民社会基础上的全球立宪。但是"两者都将新的全球力量仅仅展现为古典国家民族主权概念的类比，两种假设都未认识到帝国力量的新本质，仅仅强调了国家构造的既有继承形式"。[2]

这种理论局限，实际上是在西方整个国家形成过程中先天地决定的。地中海地区和西欧地区长期的分裂和动荡，各个利益集团之间长期的竞争，是西方式民族国家形成的历史空间。这种条件下形成的政治制度，是压迫与反压迫的，没有整体观念。也就是说，这种政体首先要解决的问题还是竞争问题，从来没有达到过整体治理的层面。包括西方引以为傲的民主制度，其本质也是分裂和分化。而社会之所以成为社会，主要依赖于融合过程。一个全球化下的全球社会，便在于全球范围内的融合。

其三，人类的试错空间缩小，人类共同命运的风险加大。在进入全球化以前，人类社会主要的演进机制是"选择"。世界上原本存在无数大大小小的民族和文化，在越来越快的演化过程中，剩下现在这个各自命运紧密相连的"全球社会"。然而，到了"全球社会"这个阶段，原来那个存在了数万年的"物竞天择"的生态便没有了。所有人必须共同面对一系列现实问题。全球化下的人类文明和制度，需要的是敏捷性。

小范围试错，并及时调整。但西方思想，时常执着于一个想象中的完美镜像。由于完美的制度并不存在，镜像思维必然导致思维固化，因此降低了适应性和敏捷性。

（2）范式级别的巨变之二，是由信息化和互联化带来的第四次工业革命浪潮，或者说是信息革命浪潮。这又带来至少两个方面的问题。

其一，物质稀缺的意义正在发生改变。到目前为止的西方主流社会理论，特别是经济学理论，构筑在物质"稀缺性"的假设之上。然而，随着材料科学、新能源、自动化技术的进步，人类的生产能力得到了极大释放。这一假设的现实基础已经开始瓦解。当今人类社会所"稀缺"的，正逐步从物质商品转化到非物质的范畴。在这种情况下，很多主流经济学原则，如价格机制的调节作用、经济回报的激励作用、股东利益最大化的商业伦理等，其应用范围都受到极大挑战。

如马克思在《1844年经济学哲学手稿》中指出，丰富性究竟是会转化成"人的本质力量的新的证明和人的本质的新的充实"，[3]还是"每个人都力图创造出一种支配他人的、异己的本质力量"[4]的局面，取决于这种丰富性所嵌入的社会制度。以当前的西方国家，特别是美国为例，由于缺乏对工业时代分配原则和职业伦理的反思，生产的自动化和全球化所带来的财富聚集效应，只能导致贫富分化的加剧和社会的撕裂。并且，即使社会矛盾的日益激化已然清晰可见，其政治体系却完全没有自我改变的能力，更妄谈改变社会的能力。

其二，社会治理方式的可能性大大扩展。信息技术在社会管理领域的全面应用和深入进展，正使得实时的政策反应成为可能。而通用型学习系统人工智能的出现和飞速发展，更是展示了其在政治领域的应用前景。让机器拥有自我学习的能力，使其能够将历史记忆与规划未来两种能力融为一体，精确建立环境模型，准确计算任务标准，完全有可能逐步形成超越人类水平的强大执行能力。所以问题的关键已经完全不是所谓程序正义的代议制民主，而是如何保证政策对实时变动的民意做出实时、积极的回应，如何根据准确无误的历史记忆正确地规划未来并顺利地完成任务。

在这样的新形势下，西方式的三权分立，就成了一个掣肘力量、一个制度性的障碍。从美国和欧洲目前的政治、经济僵局中即可看出这一点。弗朗西斯·福山早已指出了这一点，他在2014年发表的题为"衰败的美利坚——政治制度失灵的根源"（"American Decay: The Sources of Political

Dysfunction"）一文中说："制度的稳定性正是政治衰败的根源所在。建立制度是为了满足特定情况的需求，但随着情况发生变化，制度往往无法适应。认知问题是一大重要原因：人们一旦对世界发展形成思维定式，即使在现实中遇到矛盾证据，也会固执己见。另一个原因是集团利益：随着制度的诞生，从中获利的内部人士受维护自身利益的驱使，不愿改变现状，对改革充满抵触。"[5]

到目前为止，即使出现了民粹主义的"特朗普运动"，也看不出美国有发生重大政治制度变革的光明前景。福山承认："虽然在理论上，民主政治体制有利于改革的自我纠正机制，但它也让强大的利益集团能够钻空子，以合法的方式阻挡迫切需要的变革，最终导致整个体制的衰朽。"[6]归根结底，特朗普也仍然是强大利益集团的代表。

二、自由资本主义方案无力应对范式巨变

如前所述，面对这两大范式级别的巨变，作为一种政治

经济方案的自由资本主义，已无力为继。因为从本质上讲，自由资本主义是特定历史环境中的产物，也只能在特定的历史条件下存在和运行。它或许适应于短缺年代的扩张需要，或许适应长期政治分裂、权力交错的西欧和北美，但在全球化进程接近于尽头的时代，自由资本主义的短视性和不平衡性等问题，已经越来越明显地暴露了出来。

实际上，当今世界上的所有国家，由于全球化带来的巨变，都已经不再是单纯的资本主义国家，靠单一的"比较优势"经济政策就能在全球资本主义体系当中占据一席之地的那个时代，早已一去不复返了。虽然近半个世纪主导性的政治经济思潮是新自由主义，但其自身已越来越不能适应全球化的巨变。经过2008年金融危机之后，新自由主义的终结只是时间早晚的问题了。

首先，在微观活力层次上，新自由主义通过强调人类的自私基因和对物质生活的追求，片面强调了市场和经济利益激励对人的作用，并以此为基础设计了一整套经济、政治制度。在物质相对贫乏的状态下，商业逻辑摧枯拉朽，占据了主流地位。但如今已时过境迁，生产严重过剩、物质极大丰富，单纯强调经济激励和自私基因，已经越来越不足以成为经济行为的主要动力。

其次，在中观结构层次上，新自由主义具有先天失衡的问题。自由主义经济学认为市场可以自发产生秩序。在一定程度上，这个论断是成立的。然而，这种自发秩序并不天然地指向发展，更不要说平衡的、可持续性的发展。即使不考虑金融、劳动力等特殊市场的影响，仅在商品和服务市场，只要存在继承关系，代际积累也必定会让财富分配越来越不平衡。再加上资本回报率结构性地高于工资增长，以及金融行业回报率结构性地高于实体经济回报率等一系列倾向，市场自发产生的，与其说是秩序，不如说是结构性失衡。然而新自由主义经济学却对种种失衡视而不见，或者说是无能为力，哪怕这些失衡已经将社会严重撕裂。

再次，在宏观方向层次上，新自由主义则根本回避任何宏观战略方面的问题。当今西方各国乃至国际组织，普遍缺乏对未来的战略性考量。这与当今中国形成鲜明对比。这种战略真空，反映的正是资本主义社会的固有问题，即社会整体利益代表的缺位。在资本主义社会，国家未能成为公权力的代表，而是沦为资本的工具。就像布罗代尔曾指出的，资本主义只有同国家权力结为一体，并成为国家本身时，才能赢得胜利。而当资本的利益与社会整体利益背道而驰时，西方的政治家们，便在宏大问题上集体失声了。

微观激励逐渐失效，中观结构先天失衡，宏观方向完全丧失，这就是新自由主义在面对范式级别巨变的冲击时面临的严重困境。当前西方社会出现诸多问题，其根源也正在于此。最显著的表现，就是贫富差距日益加大，两极分化愈发严重。私人部门把持着与国家命脉相关的工业产业，资本高度集中在少数资本家和上流社会精英手上。而西方国家的政党政治又给予私人资本家通过操纵竞选来直接摄政的机会，美国特朗普上台更是表明私人资本家甚至可以直接掌握公权力，实行国家统治。归根结底，这是以"私有财产神圣不可侵犯"为核心的法律体系、以"宪政"为目的的宪法所提供的保障。表面上看，国家的公权力被置于严密的法律管制和约束之下，以保障每个公民的个人自由和权利，实则给隐藏在公民之中的大资本家开辟了绿色通道。

事实上，针对新自由主义的批判，也一直都有。如约瑟夫·斯蒂格利茨，他在全球金融危机之后出版的《全球化及其不满》（*Globalization and Its Discontents*）一书中写道："新自由主义者认为政府与市场是对立的，反对政府干预经济，推行市场原教旨主义，宣扬和鼓吹市场万能，否定市场缺陷与失灵的可能性，极力夸大'看不见的手'的作用。'华盛顿共识'就是其理论和政策的集中体现。通过很多国家的经济实践证实，这种忽视政府作用，任由市场自行发展的模式并不能取得成功。因此，必须适当发挥政府作用，保证'看得见的手'和'看不见的手'相互补充，必须有政府的适当干预与调节，才能让经济持久、有序发展。"

在现实中，以中国为代表的一些发展中国家通过自己的非西方道路实现了经济腾飞，更加证实了新自由主义在根本上的谬误和历史局限性。但为什么这一思潮仍然长盛不衰呢？为什么能在20世纪后半叶席卷整个世界而在导致了全球金融危机之后仍然没有退潮呢？为什么能在屡遭批判之后仍然死而不僵呢？

其根本原因在于，新自由主义思潮不过是整个西方自由资本主义体系的一种表现而已，很多重大问题的根源深植在自由资本主义体系当中，因此并不是一个思潮的问题，而是资本主义本身的问题，甚至是西方文明的问题。其中最为核心的问题出在权力问题领域。

从历史源流上看，西方的政治经济理论都由古代地中海地区的城邦政治中发展而来，关注的核心问题是小型政体统治权力的取得和分配。在城邦之内，是分立对抗的各个政治势力（君主、贵族、教会、军阀、平民、奴隶等），在城邦之外，是分立对抗的各个城邦。局限在这样一种四分五裂的格局当中，西方人从未形成过"天下"的观念，也从不涉及人类共同价值的问题。自古以来的欧洲历史，始终都在众多政治势力的权力斗争中纠缠，每个政治势力都能够为自身的利益获取和力量扩张而挑战国家权威。他们有能力削弱王室对土地的权利主张，通过征收地方税来侵蚀税收基础。他们还成功地将其对国家权威的影响力融入政治过程当中。通常，君主依靠某些集团的支持而建立统治，并通过一些交易使自己的政治合法性得到认可，比如容许支持者集团的政治代表参与政治过程，发出其声音，维护其利益。在这种权力格局的迷宫中，一旦精巧的权力平衡被打破，要么整个政体崩溃，要么权力关系被重组。由于不是在"天下"的范围内考虑问题，只从小政体、小组织、小集团的利益出发，西方历史上的各种权力本质上都属于私权力，而不是公权力。而且，私权力不仅获得了与公权力分庭抗礼的合法性，还因为一神教信仰而拥有了某种超越性乃至神圣性。

近代以来，形势发生了变化。表面上，随着主权在民思想观念的出现，现代国家建国运动兴起，人民被认为是一切权力的来源，政府从王室中分离出来，代表全体人民行使权力，私权力开始失去合法性。但实际情况并不那么简单，私权力并未退出历史舞台，这种权力在西方社会只是换了一种存在方式。在一系列或和平改革或暴烈革命的运动后，大贵族和大资产者这些传统私权力的拥有者们仍然成功控制了局面，他们采取了一系列政治和法律行动，将他们的私权力巧妙地掩饰和隐藏了起来。一方面，尽管他们的个人财富仍然富可敌国，甚至愈加膨胀，但在法律上，他们通过放弃贵族的法定身份，将自己混身在了普通人民当中；另一方面，尽管他们的个人权势仍然难以撼动，但在政治上，他们通过放弃对政治的垄断，承认了政治上的公权力和人民的代表权，同时在其他非政治领域则进一步强化他们的私权力，使他们仍然可以通过间接的手段控制国家和社会。这正是西方民主制度的两面性。从人民大众来看，实行一人一票的民主制度，看上去的确实现了政治和法律上的人人平等，相对于等级社会时代的一切权力归贵族、人民一无所有的状况，确实是人民的胜利。但从大资产者、大贵族来看，将私权力中的政治和司法权力让渡一部分出来交给人民，并不是单纯的退却，它实际上换取了人民的满足和新贵族们的安全，并且通过继续把持资本权力、金融权力、舆论权力和文化权力等其他社会权力，又成功保持了自身的特权和对整个社会的控制。

所以，真正的问题根源，在于作为自由资本主义体系核心的、以资本权力为基础的"私权力中心主义"。只要基于资本权力的私权力仍然强大，仍然"神圣不可侵犯"，就不可能不导致社会失序和治理失灵，也就不可能不丧失在全球化时代的适应性。面对全球化当前阶段两大范式级别的巨变，西方自由资本主义已无力为继，其主要原因正在于此。

三、中国特色社会主义的有效实践

自中华人民共和国成立以来，在马克思主义理论指导下，新中国通过中国特色的社会主义，在经济社会发展的微观、中观和宏观三个层次上都进行了独特且有效的实践。中华传统文化和中国独特的政治经济模式，在当前的全球化危机中，已开始显示出越来越大的价值和意义。

第一，中华文明的整体性思维，与西方二元化，乃至碎片化的思维方式形成对比。中华传统政治，从一开始就是关于整个"天下"的，也就是致力于"全球治理"的。《史记·夏本纪》写道："食少，调有馀补不足，徙居。众民乃定，万国为治。"[7]所以说，如何通过天下治理让天下秩序保持稳定，获得时间上的延续，正是中华文明和中华政治体系最大的特点之一。

历史上，中华帝国以及后帝国时期的政府都有一个基本的政治主张：建立统一国家。中国对统一国家的定义，不仅要求统一的中央集权，而且要求对任何地方及非政府组织拥有绝对的最高权威。于是，中华帝国统治的逻辑并不基于与国内外利益集团在领土或财政资源上的对立或竞争，这一点跟同时期的欧洲很不一样。为了维持绝对的中央集权，中华帝国政府把政治结构建立在相对均等化的农耕经济的基础之上。财政收入主要是借助广泛的官僚系统直接向农民征收农业税。通过向分散的、有小块土地的农民提供安全、稳定和基础设施，统治阶级获得了政治合法性，也相应获得了财政资源。换句话说，为了维持统治，中华帝国统治者的主要任务不在于经济和军事扩张，而在于围绕农耕经济构筑起来的国内制度的可持续性。

第二，中华文明是历史型的文明，关注时间的延续性，这与关注空间扩张性的西方文明形成对比。《易经》始于"乾卦"，终于"未济"，上离下坎，事业永远没有终结，永远都在"未济"的状态。受到中国数千年"天道"文化潜移默化的作用，中国人易于接受一种漫长演变的宏大历史观，从不臆想某个"末世"的突然到来。所以整个社会的注意力也都聚焦在现实问题上，追求"更好"，而非根本不存在的"最好"。当代中国40年改革开放的过程，一如既往的实事求是态度，正是对这种文明史观的继承。而中国改革的活力，与西方三权分立带来的死结，也日益形成鲜明对比。

第三，中国的国家是"公权力"的代表，这与西方民族国家长期被"私权力"挟持的情况形成对比。"大道之行也，天下为公"不仅是政治理想，也是数千年的政治实践。不仅是儒家，道家也有"天之道损有余而补不足""人之道损不足以奉有余"的思想，法家也讲"私者，乱天下也"[8]"君人者以百姓为天。百姓与之则安，辅之则强，非之则危，背之则亡"[9]
"以天下之财，利天下之人"。而西方文明归根结底是"私权力
中心主义"，在因生产自动化和全球化而出现财富聚集效应之
后，也完全没有适当的社会机制进行再分配和再平衡，反而出
现了大资产集团的复辟，收入不平等状况跌回到19世纪末的
水平，导致贫富分化加剧，社会矛盾激化。

可见，中西方文明建立于两种完全不同的信仰、不同
的立场之上，这导致了中西两种社会之间完全不同的演化过
程。发展到今天，西方的自由资本主义，本质上，还是其
邦国历史传统中长盛不衰的"私权力中心主义"，资本意志
至上，对于国家和政府既利用又对抗；而中国，结合了社
会主义理想和中华大一统历史传统中长盛不衰的"公权力
中心主义"，国家意志至上，人民整体利益优先，对于资本
和市场既利用又对抗。这也就意味着从根本上瓦解了自由资
本主义的微观基础，同时又从根本上解决了中观结构和宏观
方向上的问题。这在新的世界政治经济条件下，具有强大的
力量和优势。中国的社会主义实践，不但给中国人民带来了
繁荣和福祉，对于世界未来的制度走向，也有非常大的借鉴
作用。

建立以中国共产党为代表的公权力对金融资本权力的制衡

西方的自由市场理论，以亚当·斯密的"看不见的手"学说为核心，自18世纪后期起影响了全球经济发展长达几百年。根据理性经济人假设，每个人通过使自身利益最大化的理性选择，自动形成了市场所需要的价格机制、供求机制和竞争机制，并推动市场经济朝向效率最大化方向前进。市场可以灵活及时地反映出供求关系并以价格为表现，其自身可以为一切商品有效定价，而政府只需要遵循"自由放任"原则，扮演好"守夜人"的角色即可。而兴起于20世纪三四十年代的新古典经济学派，作为目前经济学的主流学派，以一般均衡理论为核心，通过精巧的数学模型对完全竞争性市场进行静态分析，试图让人们相信：通过价格机制，竞争性的市场会自然而然地将资源进行最有效率地配置，从而使整个经济活动达到最优均衡。

实际上，这正是一种典型的基于"私权力中心主义"的经济理论，也正是导致市场失灵和社会失序的根本原因。换句话说，西方社会在经济发展中出现微观活力与中观结构之间的失衡，以及宏观方向上的缺失，恰恰就是新古典经济学自身的缺陷造成的，也就是所有基于"私权力中心主义"的经济理论必然导致的结果，不可能通过自身的调适来解决。

这是因为新古典经济学描述的市场是普通商品市场。这只是市场的一种类型。很多在现代经济中更具决定性的市场类型，如劳动力市场、金融市场，并不符合新古典经济学的定价规律。特别是金融市场。在这个市场里，没有生产者和消费者的分离，任何人在任何时间都可能成为买方或卖方。如果股价上涨，对于所有的市场参与者都是有利的，而股票价格又取决于人们对其他人预期的预期。于是贪婪驱动需求，需求推动价格上涨，而价格上涨又进一步刺激所有人的贪婪和需求，直至整个市场进入疯癫的盛宴狂欢。随着各国经济金融化的加深，这种货币的游戏在股市、楼市、债市、期货市场和房地产市场反复上演，充分说明金融市场无法自我调节，需要其他社会制度的限制。而劳动力市场则涉及整个社会的公平公正和均衡发展，更不是通过一个单纯的价格机制就可以描述和调节的。

虽然在第二次世界大战以后，欧洲经历了30年的福利资本主义时期，自由资本主义兴起后，资本，特别是金融资本的力量又开始迅速崛起，并逐步侵蚀国家的公权力。西方日渐陷入金融资本主义的泥潭。由政客和金融精英组成的统治阶层，通过各种金融手段和工具，迅速攫取巨额社会租金，已经成功地吞噬了过去30年所取得的大部分的社会发展成就。金融的主导权力已经破坏了从前的社会妥协，急剧弱化了以美国为首的主要国家实际国民收入中劳动所占的比重，阻碍了向上的社会流动性，让人们陷入债务约束。这种扭曲，在2008年金融危机中爆发并逐渐为人们所认识。然而，10年的时间已经过去，美国的资本市场现在的疯狂程度不逊当年。

要抑制资本的力量，特别是金融资本的力量，不是一个单纯的经济问题，而是一个政治问题。这是因为金融资产的价格是人为建构的，不是什么"无形之手"自发运动产生的结果。不同金融市场的区别只在于它们由谁构建，以及为了什么目的而构建。金融市场的参与者在市场权力上存在着等级划分。金融市场的最高层是主控型投资者。他们的市场权力主要体现在购买力、组织力和话语权三个方面。所谓购买力，是通过巨额资金的投放或撤离，直接推高或压低市场价格，从而塑造市场预期；所谓组织力，指通过全球性机构网络的信息控制、关联交易、组织同盟等协调行动，判断市场和塑造市场；所谓话语权，即通过雇佣专家、搞定政客以及全球舆论发布等改变一般投资大众乃至全社会对投资准则的看法。这一部分所谓的大鳄，是金融市场的实际操控者。

由于金融市场参与者之间的市场权力存在显著等级差异，并且需求规律由避涨趋跌变为追涨杀跌，那些拥有市场权势的主控型投资者，便可以利用自身的市场势力，人为地干预市场走势，放大甚至制造价格涨落的泡沫，通过引导散户的投资决策，为自身谋求暴利。可见，虽然金融资产价格的形成，在形式上是分散的微观主体自发的市场行为所决定的，但其背后是等级化的权势所派生的利益互动结构。如若放任金融资本，就会出现现在美国欧洲等诸多国家出现的种种扭曲，而资本的"脱实向虚"会损害一国经济社会发展的根本。

以中国共产党为代表的国家公权力必须采取一系列主动的姿态来干预金融市场，阻止中国金融市场向类似美国的"赌场型"金融资本主义方向演化，加强金融市场价格稳定性，促进资金切实流入实体经济领域，促进社会稳定和均衡发展。同时，我们也要注意到，中国已经是世界第二大经济体，在国际体系中的影响力也日益增强。这种地位意味着，虽然中国秉持和平崛起的理念，秉持共同发展的理想，可"树欲静而风不止"，美欧不会自然而然地接受中国复兴。而金融市场将是未来国际竞争"热战"展开的地方。因此，我们既要控制金融资本对国内实体经济发展的负面作用，也要充分利用金融工具，辅助中国进一步扩大自己在全球的竞争力、影响力、控制力。以上这两个目标之间，具有一定张力。同时实现这两个方向的目标，需三管齐下。

其一，对国内金融体系进行系统性改造。

（1）拓宽可提供稳定回报的中长期投融资渠道，特别是发展债券市场。中长期投融资渠道的缺失，会使整个金融定价体系失去明确的锚定。市场对经济长期运行的总体风险判断不清，容易陷入对通货膨胀的恐惧，过度追求回报率高而风险性强的投资产品。中长期投融资渠道不足，还会导致中长期投资的需求大量涌入房地产市场，造成房地产市场泡沫化，并因此钳制生产性投资和消费的健康发展。目前中国国内流通债券占GDP比例仅为77%，远低于发达国家占比。且境外资本参与度非常低，大概占整个债市规模的1.4%。如果中国发展与基建等实际需求相适应的债券产品，或可大大减轻资本外流压力，甚至反转资本流向。受《预算法》的制约，中国地方政府不可举债。但债券可以成为国家战略主权基金的重要融资方式。也可直接以基础设施建设项目，或项目管理公司为主体，进行债券融资。

（2）必须审慎对待金融创新，严格控制衍生品的品种和规模。衍生品本是财富管理时分散风险的工具。然而，由于它制造了复杂的风险传导链条，并具有超强放大效应，其结果是大大增加了系统性风险，伤害了实体经济发展。以美国2008年次贷危机为例，原本的房地产次贷规模仅为0.78万亿美元，但是通过证券化（次债MBS，达到1.2万亿美元）、担保债务凭证抵押（CDO，达到6.4万亿美元）、信贷违约掉期（CDS，达到68万亿美元），竟然使总金融资产达到了2008年全世界GDP的120%。这种可怕的传导、演化的机制，赋予金融大鳄翻云覆雨的工具，决然不是中国政府和人民需要的。

其二，改变政府被动监管的地位。国家应作为实质性主体，参与到现有的金融市场之中。在金融战争中，占据话语主导权的巨头，可以利用杠杆，快速调动大量资金，倘若政府仅是扮演监控角色，而放任资产大鳄占据主要话语主导权，就无法真正稳定金融市场的价格波动。因此，国家应作为实质性的主体参与到金融市场之中，通过建立政府可掌控的金融团队，与国际资本力量相抗衡。

（1）全面掌握金融市场话语权，制定规范资本市场信息发布与传播的制度，严格审核评级公司和资产评估机构的行为。金融市场是一个交易预期的市场。因此，金融市场的话语权就等同于定价权。要想维护国内金融市场的价格稳定，进而利用金融工具开展国际竞争，就需要牢牢把握国内金融市场的话语权，并尽量影响世界金融市场的信息发布渠道。这种话语权的把握分为三个层级。在最高层面，这种话语体现在对关于宏观经济走向、行业发展趋势、国际竞争结构等观点的战略性引导上；中间层次的话语体现在对信用的评级、金融资讯传播和分析上；在基础层面，涉及会计师事务所、资产评估公司、律师事务所和融资担保机构的估值、担保行为。

（2）大力发展"基于央行资产负债管理的宏观金融工程"。这一战略的核心是以央行的货币注资先导、财政投入背书和社会资本参与来构成社会合力，形成国家战略基金体系。该战略基金体系再按国家长期发展战略向结构调整、产业升级、创业创新、要素培育等系统进行股权投资；与此同时，央行把战略基金的权益作为其资产项，对应定向注资形成的负债。这种做法一方面从根本上优化了政府和关键机构的资产负债；另一方面，可作为平准基金来应对由于金融复杂化导致的剧烈金融波动，确保金融安全、保障长期增长潜力的实现。

（3）在二级市场，国家应该积极锻炼自己的资本运作能力，逐步利用社保基金等资金池，发展政治素质、专业能力过硬的机构性投资主体，加强对二级市场的价格稳定作用。促进股票市场发挥其对企业价值的筛选作用，而不是作为投机者的乐园。

其三，加强国内金融市场和国际金融市场之间的防火墙，扩大离岸市场作用和规模，不给放松资本管制设定时间表。

（1）坚持对资本账户的管控，不设开放时间表。资本项目开放应以国内经济发展需求为依据，并与中国在国际金融市场上的运作能力相适应，而不能反之。我们要正确认识国际资本巨头的本性，防范热钱冲击和操纵市场。

（2）利用离岸市场，积极推进人民币国际化进程。我们一方面要筑好防火墙，另一方面要积极扩展以人民币结算的离境金融市场。如余永定所言："我们现在已有一系列渠道，如沪港通、QFII、QDII、RQFII、RQDII等。应该沿着现存的渠道，采取逐渐扩大的方针来推进。人民币资本项目下的完全可兑换，是中国经济体制改革的最后一步，需要满足一系列条件，才能彻底放开。"[10]否则，像日本一样，因为希望金融自由化推动日元国际化，结果日元仅仅成了国际上又一种投机炒作工具，在泡沫破灭之后也没有摆脱美元从属货币的影响，也带来了日本失落的30年。

以上政策的实施均需要一个强有力的公权力政府来支撑，而这也恰是中国作为社会主义国家所具有的独特优越性的体现。

建立最大化人民福祉和充分发挥经济潜力的分配体系

社会主义作为一种公权力的运用，表明整个社会应作为整体，由社会拥有并控制产品、资本、土地、资产等，其管理和分配基于公众利益。由此，社会主义的奋斗目标——共同富裕，就成为社会主义制度的显著特征。共同富裕作为中国社会主义事业的根本原则，旨在实现消除两极分化和贫穷基础上的普遍富裕。所谓"共同"，反映了社会成员对财富的占有方式，是生产关系的一种表现方式；所谓"富裕"，反映了社会对财富的拥有，是生产力发展水平的集中体现。从马克思主义的"生产力决定生产关系"原理来看，共同富裕代表着一种未来理想型的社会结构，而要实现这种理想型社会结构，就意味着国家需要构建出一种公平合理有效的分配体系。在达到高度的生产力水平之前，这个公平合理有效的分配体系无疑能起到最大化人民福祉和充分发挥经济潜力的推动作用，这是以保护私有财产为核心的资本权力所无法实现的。而从当今逐渐凸显的社会问题以及全球未来的发展方向来看，社会主义更加注重公平合理的分配体系无疑更加符合当今社会发展的需求和未来全球发展的方向。

从经济发展的角度来看，分配不仅仅是公平问题，更是增长问题。一个分配更加均衡的国家比一个大部分国民资产集中在少数人手中的国家更具有增长动力和发展活力。倘若一国的绝大多数财富都集中在少部分人手里，则少数人手中的大部分财富将均处于"闲置"或"沉没"状态，因为无论少数富人如何大肆挥霍都无法使其财富均有效地进入新一轮的生产消费环节，也无法带动新一轮的经济运转和经济增长。穷人有基本的生存需求但无法承担消费成本，富人想尽办法创造需求去消费却也达不到刺激国民经济进入新一轮增长的需求，最终造成"穷人买不起，富人花不出"的停滞状态，实际上降低了整体社会的购买力。而倘若一国的财富可以实现较均衡分配，绝大多数人都处于中产经济水平，可以承担得起基本生活需求，并且有向上消费的潜力和欲望；且收入中下水平的人不至于绝对贫困，可以满足其基本的生存要素，那么一国的经济就被其大多数国民的消费需求所刺激着，从而进入"生产—消费—再生产"的良性循环。由此可见，一个财富收入分配均衡的"橄榄形"社会是最具发展潜力的。

除此之外，一个分配体系是否公平合理，也是社会能否保证稳定有序运转的重要因素。"不患寡而患不均"，收入不平等，贫富差距加大，势必导致底层弱势群体与少数富有群体之间的矛盾加剧，从而成为社会有序运转的不稳定因素。特别值得重视的是，随着自动化和人工智能的发展，劳动力价格受到了一系列新的挑战。机器在越来越多的领域替代人力劳动，造成了很大一部分非技术性劳动者的生存危机。非技术性劳动者和知识、资本、技能等生产要素拥有者之间的差距越来越大，两者的社会分层逐渐成为社会对立的矛盾双方。这个问题很可能没有市场化的解决方式，而是需要国家的公权力进行全局性的调节。如果这些分配问题不妥善处理，弱势群体就有可能转向采取更激进的措施来表达自己的不满。这种不满甚至会扩散到政治、社会、国际舞台等其他领域。美国右翼民粹主义的特朗普上台一定程度上就是这样一种不满情绪的宣泄。

不仅如此，即便收入两极分化尚未造成社会矛盾扩散，不公允的分配体系也会挫伤劳动者的劳动积极性，滋生社会消极情绪。尤其是在当今社会，知识和技术成为比体力劳动更具价值的生产要素，这进一步加大了社会分层。同时资本回报率远大于劳动回报率，底层劳动者付出大量的体力劳动却依然在基本生存线上挣扎，这无疑加深了他们"再努力也无法改变命运"的宿命感，从而大大丧失劳动积极性和创造动力，加剧社会惰性。

在当今社会，种种现状表明，在各个国家，建构一个能最大化人民福祉并充分发挥经济潜力的分配体系，是势在必行的。从国家间来看，随着信息技术革命的推进，全球范围内的分化越发突出，富国与穷国、发达国家与最不发达国家之间的差距愈发明显。从国家内部来看，无论是发达国家还是发展中国家，都面临贫富差距加大的分配问题，技术性与非技术性劳动者差距加大，资本回报率大于劳动回报率，资本要素拥有者与劳动者之间的不公允的竞争地位，以及这一系列两极分化因素所导致的代际流动固化、社会阶层天花板明显等现状，都或明或暗地表明各国未来发展的严峻性，以及一个优良可应用的分配体系的紧迫性。

以美国为例，自第二次世界大战结束后，美国年收入前0.1%的群体，其年平均收入就是余下从下到上90%人群的20倍，且这个比率一直缓慢稳定增长至20世纪80年代中期。自90年代后，美国年均收入前0.1%的群体，其收入金额出现猛烈增长，但其余群体的收入并无明显变化。受2008年经济危机影响，高薪收入者的收入有所波动，但仍保持高速增长且与余下90%群体的收入差距愈来愈大。1995年前者年均收入约是后者的48.4倍，到了2015年前者变成后者的近76.4倍，社会财富分配不均，两极分化现象愈发突出。

构建一个能最大化人民福祉的公允有效的分配体系是未来经济增长所必不可少的，而这样注重效率同样也注重公平的分配体系正内含于社会主义制度的内在要求之中。那么应当如何建立这样的能够充分发挥经济潜力的分配体系呢？

如前文所述，在达到高度的生产力水平之前，国家将一直通过公权力的运用，根据生产力发展水平构建出与之相适应的公平合理有效的分配体系。今天的中国政府对"不平衡""不充分"的发展高度重视，通过中央政府的转移支付，各不同地区的贫富不均得到很大缓解；通过长期的扶贫工程、"双创"工程，阶层之间的贫富分化势头也得到遏制。在全球化的背景下，这也就意味着中国将成为应对新经济形态变化的重要引领者。中国现行的经济所有制和与之配套的政治制度，是中国较好地适应财富分配需求的制度优势。此次十九大报告把社会主义现代化奋斗目标从"富强、民主、文明、和谐"拓展为"富强、民主、文明、和谐、美丽"，更反映了对人的需求丰富性的尊重；宣示"幼有所育、学有所教、劳有所得、病有所医、老有所养、住有所居、弱有所扶"，也显示了我们对人性的敬畏和保护。

最近十年，中国在平衡分配方面取得的成绩有目共睹。全民社会保障体系在短短的时间内已经在全国基本建立。中国要进一步以国家力量确保民生，将一部分基础公共服务，特别是基层医疗、教育的工资支出回归中央。在部分基础性领域，政府替代地方政府、家庭及个人支出。教育、医疗等基础性行业对国家的未来发展有重大影响，政府应当加大在这些领域的投资力度，承担起更大的责任。

另外，开创性地改革首次和再次分配制度，需要继续推进财税改革，尽快加大直接税的征收，尤其要开征财产税和提高资本利得税，以建立累进性更强的税收结构，增强对国内消费和产业升级的激励。财税改革是调整要素价格扭曲和国民收入再分配最直接有力的工具之一，它直接影响政府、企业、个人等所有经济主体的行为，并通过税收分成影响国家的行政结构。中国当前的税制严重依赖于流转税，由于流转税是累退的，所以现行税收结构对促进社会公平和鼓励国内消费产生了负面激励，并且拥有大量资产的富人只要不使手中所掌握的资产发生流转，对其就不会产生税收，当前中国的税制就无法直接对社会贫富差距进行调控。与此同时，尽管中国的增值税针对生产方面，但最终的承担者一直是普通消费者，因此繁重的增值税增加了消费品和服务的实际价格，降低了中国消费者的实际购买能力。此外中国的增值税保持着17%的全国统一税率，无差别的税率意味着贫困地区、小企业和中低收入家庭承担了很大比例的增值税负担，这与国内经济结构再平衡的愿望背道而驰。因此在未来的税制中，税基要进一步拓宽，税目要进一步多元化，要降低流转税在税收系统中的比重，转而进一步加大直接税的征收。尤其要开征财产税并提高资本利得税，以建立累进性更强的税收结构，增强对国内消费和产业升级的激励。同时，也应当尽快建立一个包含每个家庭财务信息的综合数据库，这也是恰当有效地征收所得税和财产税的基础。

建立具有战略性、系统性发展能力的协调体制

中国特色社会主义强有力的"公权力"，除了可以集中再分配社会财富，构建一个促进公平的社会分配体系外，还具有更强的战略性、系统性协调能力。社会主义的"公权力"掌握主要的生产资料，也能通过再分配调节来保障个体的所得，因而具有较高的公信力和较大的话语权，具备社会引领的条件。同时为了进一步巩固"公权力"的威信和地位，"公权力"的代表者需要不断开拓出新的适合本国的发展路径，以进一步提高本国生产力，提高社会群体的生活水平和生活质量，这也要求"公权力"代表者需要具备统筹协调发展的全局协调能力，以及具体长远性规划的战略眼光。因而在社会主义制度的国家，凭借"公权力"所具有的向心力，社会主义国家更倾向也更容易构建出具有战略性、系统性发展能

力的协调体制，而这种具有战略性、系统性的协调体制从当
今及未来社会发展来看，占据着绝对重要地位。

诺思（Douglass C. North）对经济史的研究表明，市场
机制从来不是单一形态的，也不可能在真空中进行。它与国
家等制度安排共生演化，以不同的方式影响经济主体的行为。
而就当今世界转型发展来看，对新古典经济学最大的批判在
于，新古典理论基于静态均衡模型，关注的是特定时刻的资
源配置。因此，它对经济结构性变迁、技术变革等各种形式
的动态演变过程及创新行为，并不具有强大的解释力。而产
业政策所针对的，恰恰是经济结构转型的动态问题。当我们
的眼光从现有要素的有效分配，转移到创造新的要素禀赋，
并促进与之相适应的产业结构建立时，我们需要更好地理解
"变化"，并寻找能够促进这种变化的制度组合。而以上提及
的新古典经济学的局限之处恰恰是社会主义优越性的体现。

社会主义可以运用"公权力"做出一系列具有发展性眼
光的战略决策，构建具有系统性发展能力的协调体制，这是确
保经济持久创新增长的动力源，而这恰恰是自由市场所不具备
的。单纯市场究竟能否自发促进要素禀赋的变化和经济结构的
变迁呢？答案恐怕是否定的。因为市场无法给将来的有效资源

配置定价。越是具有颠覆意义的创新，越难对未来的投资回报进行预期。因此，在没有其他制度干预的情况下，市场可能进入一种"创新需求缺失"的情况。也就是说，即使不缺乏科学家和创新型人才，企业家也不愿意为创新，特别是为改变产业结构的创新买单。因此，社会的潜在增长能力无法得到充分发挥，经济发展渐渐停滞（类似目前欧洲国家普遍陷入的情境）。导致这种"创新需求缺失"的主要原因有三个。一是此种创新具有极强的不确定性，且投资体量往往非私人部门所能承受。二是对这种创新的投资可能具有很高的社会价值和巨大的正外部性，然而，却并不一定能给企业家自身带来高额经济回报。这就是马克·卡尼（Mark Carney）所谓的"眼界的悲剧"（Tragedy of Horizon）。第三，对产业结构发生系统改变的颠覆性创新往往需要多行业、多组织的大规模协同投资，才能显现其价值。这就是丹尼·罗德里克（Dani Rodrick）所谓的"协调外部性"（coordination externality）。而企业家个体，往往无法动员和支撑这样系统性的大规模协作。

　　"创新需求缺失"绝不是危言耸听，尤其是在信息技术更替越快的时代，市场越容易深陷单一领域而迷失方向。这是自发市场因缺乏系统性协调体系而不可避免的悲剧。现在欧洲多年深陷低增长的泥潭，跟欧洲各国无法有效开启系统化升级转型有很大关系。而社会主义的优势在于，可以运用其所拥有的公权力，制定并切实实行一系列有长远规划的产业政策，而产业政策的意义恰恰就在于，它能从一定程度上缓解"创新需求缺失"，释放和激发企业家的创新潜能。一方面，产业政策可降低企业家进行产业升级的成本，提高产业升级成功的概率；另一方面，产业政策可直接介入具有强大正外部性的基础性研发工作，亦可通过改变激励机制，促进私营部门加大对此类创新活动的投资和参与；再者，产业政策以国家的权威，给予企业家们长期发展的方向感和确定性。北京大学路风教授多年的产业研究表明，政治领导层为经济发展提供新的方向和新的推动力，是中国经济屡次实现平稳产业升级的重要原因。这种方向感帮助企业家建立投资信心，并且促进了投资的系统性和战略性，进而实现了"协调外部性"。

产业政策是社会主义国家保持持久经济增长力的一把利剑。正如林毅夫教授所说，尽管产业政策很可能失败，但产业结构升级从来不曾在没有产业政策的国家成功。在考虑国际分工和国际竞争后，更是如此。在自由贸易的条件下，国际分工与各国要素禀赋的比较优势相适应。也就是说，国际竞争会固化一国现有的要素禀赋结构和专业化方向，而不是促进产业结构的多样化和升级，从长期的结果来看，这不是自由竞争，而是强迫分工。并且，内生增长理论告诉我们，技术进步内生于物质和人力资本积累。所以，在没有其他社会制度干预的情况下，穷国和富国之间的距离将越拉越大，而不是像新古典理论描述的那样收敛。成功的赶超和产业结构升级，只有在利用各种因素和手段促进物质和人力资本"超常"积累时，才会出现。

当今中国经济正在经历新一轮深刻的结构性产业转型升级。这次转型以数字科技、信息科技和互联网的广泛应用为依托，以建立更高附加值、更绿色、更具可持续性的增长机制为目的。这是我们所有判断的现实起点。在这种产业结构的转型和升级过程中，需要合适的产业政策的参与，以促进具有强大正外部性的投资和创新。中国过去几十年的成功，都是在充分发挥国家和市场各自优势的基础上取得的。好的产业政策，并不是要否认企业家的创新精神和创新能力，不是用公共部门替代私有部门在创新过程中的主体地位，也不是简单的减税、发补贴，而是通过公共部门和私有部门共同协作，寻找适当的方法，克服产业转型和技术创新的阻碍因素，释放企业家和其他经济主体的创新动能，实现经济发展。中国现阶段的产业结构转型升级，迫切需要好的产业政策，而好的产业政策，是社会主义这个具有战略性的协调体系所能够孕育出来的。

经过新中国70年的发展，今天的中国已经在世界舞台上有着不可替代的位置。这个位置使得中国的作为可以被全世界看到，中国的声音可以被全世界听到，中国的经验可以被全世界学到。

而中国的强盛，与全球范围内范式级别的巨变恰好同步。在应对这些巨变带来的问题时，中国特色社会主义的优越性得到充分的凸显。纵观全球，中国特色的社会主义道路最具有解决目前人类社会遇到的一系列结构性问题的潜力。中华文明，作为人类社会最具有适应性，也是延续时间最长的文明，对于新挑战的应对和新机遇的捕捉，将发挥出不可取代的作用。

与此同时，中国的发展和强盛也意味着，中国重新回到历史的前沿。接下来的每一步，我们将越来越深入人类未知的领域。这种变化将深刻考验我们的智慧、胆量、担当，也需要我们加倍的谨慎！

注　释

1 ［美］麦克尔·哈特、［意］安东尼奥·奈格里：《帝国——全球化的政治秩序》，杨建国、范一亭译，江苏人民出版社，2003年，第4—5页。

2 同上。

3 《马克思恩格斯选集》，第42卷，人民出版社，1979年，第132页。

4 《马克思恩格斯全集》，第3卷，人民出版社，2002年，第339页。

5 ［美］弗朗西斯·福山：《衰败的美利坚——政治制度失灵的根源》，杨晗轶、朱新伟译，载观察者网，2014年10月12日。

6 同上。

7 （汉）司马迁：《史记·夏本纪》，第79页。

8 （唐）房玄龄注：《管子·心术下》，第271页。

9 （汉）刘向撰：《说苑校证》，向宗鲁校证，中华书局，2009年，第73页。

10 《余永定：资本账户开放不宜设时间表》，载《上海证券报》，2015年3月12日。

索 引

文 景
Horizon

社 科 新 知 文 艺 新 潮

中国特色社会主义
张维为　编

出 品 人：姚映然
责任编辑：贾忠贤　周灵逸
营销编辑：雷静宜
实习编辑：梁淑娟
封扉设计：储　平

出　品：北京世纪文景文化传播有限责任公司
　　　　（北京朝阳区东土城路8号林达大厦A座4A　100013）
出版发行：上海人民出版社
印　刷：山东临沂新华印刷物流集团有限责任公司
制　版：南京展望文化发展有限公司

开 本：890mm×1240mm　1/32
印 张：10.0　字 数：157,000　插 页：2
2020年1月第1版　2022年8月第9次印刷
定 价：52.00元
ISBN：978-7-208-15977-8/D・3451

图书在版编目（CIP）数据
中国特色社会主义/张维为编.—上海：上海人
民出版社，2019
（中国话语丛书/张维为主编）
ISBN 978-7-208-15977-8

Ⅰ.①中… Ⅱ.①张… Ⅲ.①社会主义—研究—中国
Ⅳ.①D61

中国版本图书馆CIP数据核字（2019）第145559号

本书如有印装错误，请致电本社更换 010-52187586